# 북중관계 다이제스트
- 한중 소장 학자들에게 묻다 -

# 북중관계 다이제스트
– 한중 소장 학자들에게 묻다 –

성균중국연구소 편
이희옥·서정경 책임편집

다산출판사

## 북중관계 다이제스트를 펴내며

분단 이후 한반도는 늘 격동의 역사를 겪어 왔다. 특히 '모스크바에서 불어온 삭풍'이 탈냉전 시대의 대문을 활짝 연 이후 한반도를 둘러싼 안보 구도는 재구성되었다. 한국은 오랫동안 적대시해 온 사회주의 종주국 소련에 이어 중국과도 수교를 추진하면서 북방외교를 적극 개척했다. 중국도 천안문 사건의 여파를 딛고 새로운 개혁을 준비해야 하는 절체절명의 과제에 직면하여 외교적 고립을 타개하기 위해 아시아 각국과 소통하기 시작했다. 그 결과 중국은 신흥개발국인 한국의 발전경험을 주목하였고 북한과의 오랜 우호관계에도 불구하고 한국과의 수교에 화답했다.

이러한 한중관계의 변화는 예상된 외교적 파장을 낳았다. 한국은 오랫동안 반공의 보루이자 동반자였던 대만과 단교했고, 중국도 혈맹이었던 북한을 외교적으로 배려하지 못하면서 북중 간 신뢰에 균열이 발생했다. 북중관계는 새로운 상황 속에서 새로운 위상을 정립해야 한다는 과제를 부여받았다. 이후 북중관계는 양자관계는 물론이고 국제질서와 지역질서의 영향 속에서 부침을 거듭했으며 현재에도 여전히 진화 중이다. 양국 간 정치적 신뢰와 이념적 연대는 갈수록 약화되는 한편, 현실정치의 핵심인 힘의 관계가 자리를 잡으면서 북중 간 이익의 균형을 맞춰나가고 있는 것이다.

북한은 고립을 타개하기 위해 핵카드를 사용했다. 때로는 벼랑 끝 전술을 통해 강대국을 결박하고자 하는 극단적 외교를 선보이기도 했다. 한반도 핵 위기가 서로 다른 수준에서 지속적으로 발생했다. 중국의 중재로 6자회담이라는 위기통제 시스템을 구축했으나, 북한변수로 인해 또다시 가동이 중단된 상태다. 아울러 북한체제도 김일성-김정일-김정은 정권으로 이행하는 과정에서 김정은 비서의 장악력과는 별개로 북한사회의 구조적 내구력이 약화되는 추세이다. 또한 북한이 중국에 대한 정치적 의존도를 의도적으로 줄여나가는 정책을 시행하면서 북중관계에 새로운 국면이 형성되고 있다. 중국도 포기와 연루의 딜레마 속에서 한반도 비핵화 의지를 피력함으로써 핵보유를 선언한 북한과의 긴장국면이 지속되고 있다. 미국이 움직이지 않는 한 북한문제에 개입하지 않으려는 중국판 전략적 인내라는 현상도 나타나고 있다.

중국은 미중관계와 지역질서라는 보다 큰 틀에서 한반도와 북한을 보기 시작했다. 북한도 중국의 변화된 대북인식에 따라 대응, 조정 그리고 적응의 과정을 겪게 될 것으로 보인다. 북중관계에서 잘못된 행동에 대해서는 처벌이 나타나는 구조가 정착되었고, 중국이 대북정책상 미국을 의식하는 글로벌 대국외교도 지속될 것이다. 그러므로 현재 북중 간 새롭게 형성된 '정상국가 대 정상국가'의 관계를 되돌리기는 어렵다는 견해가 일반적이다. 최근 약 3년 동안 북중 정상회담이 열리지 않는 비정상적인 국면이 지속되고 있는데, 설사 개최된다 하더라도 북중관계가 과거의 전통적 우호관계로 되돌아가기는 어려울 것으로 보인다. 이 과정에서 북한의 핵능력이 소형화, 경량화되면서 한반도 안보 위협이 가중되고 있다. 미국의 대북 전략적 인내도 지속되는 상황에서 핵문제의 가장 중요한 이해당사국 북한과 미국 간 대화가 단절되어 있다. 주변국가들의 대북정책에 의미 있는 변화가 없는 한 중국의 중재능력이나 북핵 이니셔티브를 기대하기란 어려운 일종의 과도기적 상황이 진행되고 있다.

이러한 북한과 중국과의 관계에 대하여 그동안 많은 학문적·정책적 토론이 전개되어 왔다. 지정학적 맥락에서 북한이 중국에게 자산인가 부담인가의 논의를 포함하여 중국의 대북 영향력 유무, 중국의 북한정책과 북핵정책의 유사성과 차이, 시진핑 시기 북중관계의 지속과 변화, 북한과 중국 간 상호인식의 변화, 북한문제에 대한 한중공조의 가능성에 이르기까지 다양하게 전개되어 왔다. 이러한 토론은 북중관계에 대한 이해와 연구를 확산하고 심화하는 데 크게 기여했다. 현재 북한의 대중정책에 비해 중국의 대북정책에 대한 연구가 상대적으로 많은 일종의 불균형적 상황인데, 이는 아마도 중국의 대북 영향력에 대한 국제적 논의를 반영한 결과로 보인다.

그간 북중관계에 대해 많은 연구서적과 역량 있는 논문들이 국내외에서 쏟아져 나왔다. 그럼에도 불구하고 오늘날 복잡한 북중관계의 주요 쟁점인 북중 간 상호인식, 북핵문제, 북중 경협과 무역, 그리고 향후 북중관계 등을 두루 아우른 길라잡이가 없어 늘 아쉬운 감이 있었다. 이러한 점에서 『북중관계 다이제스트』는 북중관계에 관심을 지닌 학생들과 일반 대중 그리고 북중관계를 일목요연하게 보고자 하는 모든 영역의 독자들에게 참고가 될 수 있을 것이라 자평한다. 이 책에 참여한 여덟 분의 국내 소장학자들은 현재 가장 활발하게 이 문제를 연구하는 역량 있는 학자들이다. 젊은 학자들의 시각은 신선하고 객관적이며 창의적이다. 이들의 시각과 문제의식을 담아 문답형식으로 북중관계의 제반 문제를 풀었다. 아울러 한국의 유수대학에서 북중관계를 연구주제로 박사학위를 취득한 후 현재 중국학계에 자리 잡은 중국 소장학자 세 분의 견해도 함께 실음으로써 북중관계를 바라보는 중국적 시각도 동시에 담았다.

이 책의 출판 전 과정에서 본 연구소 서정경 교수의 주도면밀한 노력은 결정적이었다. 또한 중국에 대한 많은 관심을 가지고 책을 출판해 주신 다산출판사 강희일 사장님 및 관계자들께도 감사드린다. 본 연구소를 통해 향후에도 이러한 다이제스트 시리즈가 지속적으로 출간되기를 기대한다. 독자 여러분의 질정을 바란다.

성균중국연구소 소장
이희옥

# 차 례

## ■ 정치/외교

**01 시진핑 시기 중국은 북중관계를 어떻게 보고 있는가? / 이기현 3**
　　1. 미중관계의 변화는 중국의 대북정책에 어떠한
　　　 영향을 미쳤는가? 4
　　2. 시진핑 정권의 대북정책은 향후 어떻게 변화할까? 9

**02 시진핑 시기 북한은 북중관계를 어떻게 보고 있는가? / 홍석훈 15**
　　1. 북한의 대중국정책의 기본은 무엇인가? 16
　　2. 김정은 정권의 대중정책은 향후 어떻게 변화될까? 19

**03 중국은 왜 북한의 핵개발을 저지하지 못하는가? / 서정경 27**
　　1. 미중관계 차원에서 북한의 위상? 28
　　2. 북중관계 차원에서 북한의 위상? 33
　　3. 영향력 한계에 직면한 중국의 새로운 대북 접근법? 40

**04 중국은 북핵문제 해결을 위해 어떠한 역할을 해 왔는가? / 김애경 43**
　　1. 중국의 역할은 어떻게 변해 왔는가? 44
　　2. 중국의 역할은 왜 변화하는가? 51

**05** 북한의 위기에 대해 중국은 어떻게 인식하고 행동하는가? / 이영학  61
  1. '북한 위기'란 무엇인가?  62
  2. '북한 위기' 발생 시 중국은 무엇을 우려하는가?  65
  3. 북한 급변 사태 발생 시, 중국은 어떻게 대응할 것인가?  67
  4. 북한 급변 사태 시 중국은 군사적으로 개입할 것인가?  71

## ■ 경  제

**06** 북한은 왜 중국과 경제협력을 하려고 하는가? / 신종호  81
  1. 북중경협은 그동안 어떤 변화 추세를 보여 왔는가?  82
  2. 북한이 중국과의 경제협력을 강화하는 이유는 무엇인가?  84

**07** 북중무역은 왜 지속될 수밖에 없는가? / 정은이  91
  1. 접경도시와 북중무역의 동인?  92
  2. 무역주체들과 북중무역의 동인?  96
  3. 무역관행과 북중무역의 동인?  99

**08** 북중 간 경협은 어떻게 이루어지고 있는가? / 박종철  103
  1. 중국은 북한에게 석유를 얼마나 그리고 어떻게 제공해 왔는가?  104
  2. 북중경협에 쓰이는 주요 인프라는?  109

**09** 5·24조치는 북중경협에 어떤 영향을 미쳤는가? / 정은이  123
  1. 5·24조치 이전 남북무역과 북중무역의 관계?  124
  2. 5·24조치 이후 남북무역과 북중무역의 변화?  130

**10** 중국의 개혁개방 경험을 북한에 적용할 수 있는가? / 신종호  133
  1. 김정은 체제의 개방 가능성?  134
  2. 북한의 대중국 경제의존도 심화가 중국식 개혁개방으로 이어질까?  140
  3. 북한의 '변화'를 이끌어내기 위한 새로운 경제협력 모델?  144

## ■ 중국 신예 학자가 보는 북중관계

**11** 중국은 북한을 어떻게 인식하는가? :
제2차 북핵실험 이후 중국 엘리트의 인식과 선택 / 리신  153

    1. 중국 국내에서 대북정책 관련 어떠한 인식과
       논쟁이 전개되었나?  154
    2. 중국식 독자주의란 무엇인가?  160
    3. 향후 전망?  165

**12** 북한은 중국의 부상에 대하여 어떠한 전략을 취하는가? / 박용국  171

    1. 북한의 대중국 인식은?  172
    2. 북한은 어떻게 대중국 헤징전략을 전개하였는가?  178

**13** 정상외교는 북중관계에 어떠한 영향을 미쳐 왔나? / 송원즈  185

    1. 양국 간 정상외교는 어떻게 전개되어 왔는가?  187
    2. 양국 간 정상외교는 양국관계에 실제로
       어떠한 역할을 담당해 왔는가?  193

# 정치/외교

Q_01. 시진핑 시기 중국은 북중관계를 어떻게 보고 있는가? **(이기현)**

Q_02. 시진핑 시기 북한은 북중관계를 어떻게 보고 있는가? **(홍석훈)**

Q_03. 중국은 왜 북한의 핵개발을 저지하지 못하는가? **(서정경)**

Q_04. 중국은 북핵문제 해결을 위해 어떠한 역할을 해 왔는가? **(김애경)**

Q_05. 북한의 위기에 대해 중국은 어떻게 인식하고 행동하는가? **(이영학)**

01.

# 시진핑 시기 중국은 북중관계를 어떻게 보고 있는가?

이기현(통일연구원 연구위원)

중국의 대북 인식 및 정책을 논의하려면 우선 미중관계 변수를 고려할 필요가 있다. 중국에게 북한은 미국을 대항해 같이 전쟁을 치른 혈맹국이고, 북중 양국은 미국 등 자유주의 진영에 맞서 사회주의 국가 건설의 길을 같이 걸어왔기 때문이다. 역사적으로나 이데올로기적으로 중국은 북한을 중시할 수밖에 없으나, 그 정책의 결정에 더욱 큰 영향을 미치는 변수는 바로 미국이다. 또한 과거 냉전시대의 이데올로기적 대립이 종식되고, 중국이 개혁개방을 통해 국제적 역량이 증대되면서 중국에게 동북아에서의 미국변수는 더욱 중요하게 되었다. 즉 중국의 대북정책 메커니즘을 이해하기 위해서는 무엇보다 미국요인 즉 미중관계 변화와의 상관성을 잘 살펴야 한다. 따라서 이 글에서는 먼저 미중관계와 중국의 대북정책 간 상관성을 분석하고자 한다.

아울러 이러한 맥락에서 시진핑 정부가 북중관계를 어떻게 인지하고 어떠한 정책을 전개할 것인가에 대한 답을 구하려 한다. 주지하듯 북한의 3차 핵실험 이후 중국 시진핑 정부는 전례 없이 유엔 대북제재에 적극 동참하였고, 최근까지도 북중관계가 냉각기로 불릴 정도로 양자관계가 냉랭하다. 과연 시진핑 정부의 대북정책은 향후 어떻게 전개될까?

## 01

## 미중관계의 변화는 중국의 대북정책에 어떠한 영향을 미쳤는가?

### 첫째, 중국이 미국에 대한 협력을 추구하는 경우

과거의 경우를 보면 미중관계의 변화는 중국의 대북 접근에 상당한 영향을 미친 것으로 분석된다. 먼저 중국이 미국에 대한 협력을 추구하는 측면이다. 가장 대표적인 사례로 2000년대 이래 중국의 북핵문제에 대한 접근이 적극적으로 변화한 것을 들 수 있다. 1차 북핵위기 때 상당히 소극적인 자세로 일관했던 중국의 북한 핵에 대한 입장은 점차 적극적인 관여정책으로 변화했다. 2차 북핵위기가 발생하자 중국은 위기의 초기부터 개입하여 북·미·중 3자회담을 제의했을 뿐 아니라, 중국의 문제해결 노력은 6자회담의 형태로 확대되었다.[1] 이는 당시 미중관계의 변화 분위기의 영향이 컸다. 2011년 9·11사건 이후 미국은 대 테러리즘 전쟁을 수행하기 위해서 안보리 상임이사국인 중국의 공조가 필수적이었다. 중국 입장에서도 대미관계의 개선은 안정적 국제환경을 조성하고 이를 기반으로 경제발전을 이루려는 국가전략과 부합하였다.[2]

이러한 배경 속에서 미중관계는 실질적인 진전을 나타냈고 북핵 해결을 위한 중국의 대응 역시도 미국에 협조적으로 나타났다. 중국은 1차 핵실험 방지를 위한 압박 중심의 정책을 실행했고, 1차 핵실험 이전 북한의 대포동 2호 발사(2006년 9월)에 대한 제재 및 6자회담 복귀를 위한 압박 수단으로 대북 석유 수출까지 중단하였다. 그 과정에서 북중관계는 냉각되었다. 이러한 중국의 압박에도 불구하고 북한이 2006년 10월 1차 핵실험을 강행하자 중국은 "제멋대로(悍然)"라는 격한 표현을 사용한 외교성명을 발표, 북한을 비난하였으며, UN 안보리 대북제재 결의안 1718호에 찬성하였고, 대북 송유관 잠정 폐쇄, '북중우호협력조약'의 군사동맹 부분의 삭제 주장 공개, BDA 동결자금 인출 요청에 대한 거부 등 기존과 상당히 차이나는 행보를 보여주었다.[3] 물론 1차 핵실험이 BDA 문제 등 북미 간 갈등이 주 원인이기는 했지만, 미국과의 관계를 중시하는 중국의 태도에 대한 메시지도 포함되어 있었다. 이후 3차 핵실험 때까지 중국은 유엔 대북제재 결의안에 모두 동의했으며, 6자회담 의장국으로서 북핵문제 해결을 위한 외교적 중재 역할을 수행해 왔다.

최근에도 미중 간에는 한반도 문제를 둘러싼 제한적 협력관계가 형성되었다. 특히 중국은 2010년 북한의 도발로 인해 미국과 상당한 갈등을 겪었다. 북한의 천안함 도발이 있었던 이 해는 아시아 역내 질서에서 미중 간 긴장이 고조되던 시기였다. 이런 상황에서 북한의 군사도발에 대한 억제차원에서 이루어진 한반도 서해상에서의 한미연합군사훈련 계획에 대해 중국 군부가 적극적으로 반발하고 나선 것이다. 과거에도 한반도 서해상에서의 한미 군사훈련에 대한 중국 정부의 반발이 있었지만, 당시 상황은 중국 군부가 실전사격을 포함한 군사훈련으로 무력시위를 했다는 점에서 긴장의 상황이 과거와는 달랐다. 이러한 갈등을 경험한 중국과 미국은 이듬해 미중 정상회담에서 한반도 긴장 고조 방지를 위한 제한적 신뢰 구축에 합의한 것으로 관측되었다. 이는 미국 오바마 행정부의 아시아 회귀와 재균형 정책 그리고 시진핑의 새로운 강대국 관계 제시 등이 갈등으로 치달을 수 있음에도 불구하고 미중 양국 간 헤징은 유지되기 때문에 양국 간 협력적 지점이 필요하였고 바로 그 지점이 한반도에서 협력적 공간 확대가 가능하였기 때문이다.

미중 간 한반도문제에 대한 협력적 분위기는 2013년 북한의 3차 핵실험 이후 중국의 적극적인 대미 협조 행보로 나타났다. 중국은 유엔 안보리에서 미국과 긴밀한 협의를 통해 대북제재 강화 조치가 포함된 결의안 2094호에 합의하였다. 또한 과거와 달리 대북제재 결의안의 철저한 준수를 강조하였다. 중국 정부는 관련 산하기관에 결의안의 엄격한 이행을 지시하는 통지문을 하달하였고, 이어 주요 은행들이 핵·탄도미사일 개발 자금으로 의심되는 북한 계좌를 폐쇄하였다. 이밖에도 중국 상무부는 공업정보화부, 해관총서(세관), 국가원자력기구와 함께 민간용이지만 핵무기·화학무기 등 군사적 목적으로 전용될 수 있는 군민양용 기술 수십 건을 포함하는 대북 수출 금지 목록을 발표하였고, 북한의 주요 밀수품 통관지로 지목된 중국 다롄 항구에 대한 검색을 강화하기도 하였다.[4]

이때 중국은 북한에 대하여 정치적 압박도 병행하였다. 3차 핵실험 이후인 2013년 7월 리위안차오(李源潮) 중국 국가부주석이 한국전쟁 전정협정 체결 60주년 기념행사 참석을 위해 북한에 방문한 것을 제외하면, 북중 고위급 회담은 전면 중단될 정도로 정치교류가 경색되었다. 또한 중국 시진핑 국가주석이 북한에 보내는 축전에서 양국 친선관계의 기본원칙인 16자 방침이 제외되는 등 중국의 대북 접근에 있어 냉랭한 기류가 형성되고 있었다.[5]

그러나 중국의 대북 접근은 대미 균형전략 차원이라는 또 다른 트랙에서 동시에 진행되었다. 우선 중국은 북한의 대미 편승을 방지할 필요가 있었다. 북한의 1차 핵실험 이후, 중국의 미국에 대한 협조는 지속되었고, 2·13합의라는 성과를 거두게 된다. 그러나 이는 6자회담 틀 내에서 양자대화의 방식이 아니라, 사전에 북미 간 합의를 하고 이를 토대로 6자회담에서 이행 로드맵을 확정하는 방식이었다. 북미 양자 교섭은 북미관계 개선을 도모하는 계기가 되었지만, 중국의 입장에서는 미국에 협조한 결과가 북한과의 관계 악화 및 북미관계 강화로 나타나, 중국의 전략적 유연성에 손실을 입게 된 셈이었다.[6] 또한 중국은 대북 군사 교류를 재개시켰다. 2005, 2006년 상반기까지 없었던 양국 간 군 인사 상호방문이 2·13합의 이후 두 차례나 이루어졌다. 동시에 경제협력을 확대했다. 이후 중국의 대북 투자도 확대되었는데, 중국의 동북진흥과 연계되어 훈춘-나진 연계 개발, 에너지 수급을 위한 대북 독점 개발권 확보, 항만개발을 확보하려는 투자 방식이 나타났다.[7]

## 둘째, 미국이 중국에 대해 견제를 강화하는 경우

한중수교로 인해 탈냉전기 최악의 상황을 맞은 북중관계가 재회복의 계기를 마련한 것은 미국의 대중 균형전략의 확대 때문이었다. 1997년 미일 간 신방위지침 합의, 1999년 미군의 중국 대사관 오폭사건 등 미국의 대중 견제 추세가 확대되면서 중국의 안보위협은 증대되었고, 중국은 전략적 완충지대인 북한과의 적극적인 관계 복원을 시도하였다.[8] 더구나 미국 부시 행정부가 중국을 전략적 경쟁자로 인식하고, 북한을 악의 축으로 규정하는 등 전방위적 공세외교를 단행하자, 북중 간 안보 연대는 더욱 가속화되었다.

이와 비슷한 상황은 2차 핵실험 이후에도 나타났다. 중국은 2009년 5월 북한의 2차 핵실험 이후 유엔 제재 결의안 1874호에는 찬성하였지만, 북핵에 대한 제재와 대북 인도적 지원(무상원조), 정상적 경제관계는 구분해야 한다고 강조하였다. 특히 핵실험 이후 5개월 만에 원자바오 총리가 전격 대북 행보를 하면서, 핵실험 이후 냉각되었던 관계를 급진전시켰고, 2010년과 2011년 2년간 북한 김정일 위원장이 네 차례 중국을 방문하는 등 고위급 정치 교류 역시 활성화되었다. 동시에 라선 경제구 및 황금평, 위화도 경제특구 등 양국 경협 역시 확대되는 등 당시 북중관계가 신밀월기라고 평가될 정도로 2차 핵실험 이후 대북제재라는 분위기와는 상반되는 행보를 하였다. 이러한 상황은 2008년 미국발 글로벌 금융위기 직후 출범한 오마바 행정부가 아시아 중시 정책으로 급선회하였고, 이러한 미국의 정책을 중국은 자국의 부상에 대한 미국의 견제가 본격화되는 것으로 인식한 데 기인한다. 즉 미중 간 협력보다는 갈등의 공간이 확대되는 추세였고, 중국은 미국의 아시아 회귀에 대한 견제 차원에서 북한의 지정학적·안보적 가치를 더욱 중시하였던 것으로 판단된다.

특히 북한의 2차 핵실험에도 불구하고 북미관계의 특별한 돌파구가 보이지 않았고, 한국의 이명박 정부 역시 한미공조를 통한 북한의 우선적 비핵화 노력을 강조하고 있었다. 이러한 과정에서 천안함 사건이 일어났고, 이후 한미·미일 군사동맹의 강화, 중국의 남중국해 확대 전략에 대한 미국의 경고, 일본과의 댜오위다오(釣魚島, 일본명 센카쿠열도) 갈등, 더 나아가 중국을 대상으로 한 환율전쟁, 류사오보의 노벨 평화상 수상 등 중국과 갈등을 야기하는 사건들이 연이어 발생하게 되었다. 일련의 사건들은 중국이 아시아 지역에서 중국을 봉쇄하려는 미국 주도의 안보 프레임이 강화되고 있다고 인식하게 되는 계기를 마련했다. 이에 따라 중국은 미국의 안보 프레임 틀 속에서 문제를 접근하지 않겠다는 전략적 판단에 근거해 북한의 전략적 가치를 환기시키고, 북한에 대한 각종 정치적·경제적 편의를 제공하였다.[9] 2차 핵실험 이후 북중무역의 급속한 성장 추이는 이러한 상황을 잘 대변한다. 2000년대 후반 이후 북한의 전반적 대외

경제 악화와 함께 북한의 대중 무역의존도는 점차 확대되어 2013년 기준으로 북한의 전체 대외무역액의 약 90%를 중국과의 교역이 차지하고 있다.

## 02
## 시진핑 정권의 대북정책은 향후 어떻게 변화할까?

중국의 대북 딜레마가 시진핑 시기에도 여전히 풀리지 않고 있다. 북한의 불안정성도 여전히 해결되지 않고 있다. 김정은 정권 출범 이후부터 고위급 정치인사의 잦은 교체, 3대 세습의 불안정성에 대한 지속적 제기 및 장성택 처형 사건까지 북한의 정치적 불안정 현상이 대내외적으로 출현하였다. 이영호에서 장성택까지의 숙청과정이 너무나 돌발적이고 즉흥적이라는 우려가 있었고, 장성택 사후에 경제이권을 둘러싼 정치권력 갈등의 잠재성이 내재되어 있어, 또 다른 권력 불안을 야기할 가능성이 제기되었다. 또한 일부 시장화 조치 과정에서 국가 통제력이 약화될 것이라는 분석이 나오는 등 북한체제의 불안정성에 대한 우려는 여전히 지속되었다.

북한의 불안정성에 대한 우려 때문에 북한의 3차 핵실험 이후에도 북중 간 경제관계에는 큰 이상이 없었다. 북중 정치관계가 급속하게 냉각되었고, 중국이 북핵 관련 제재에 적극 동참했음에도 불구하고 양국 경제관계는 큰 타격 없이 성장하였다. 중국 세관은 2013년 10개월 동안 교역

관계가 6.2% 성장했다고 하였으며, 연합뉴스는 동 기간에 10.4% 성장하였다고 보도하였다. 관광업은 약간 타격을 받았지만 2013년 말 이후 다시 회복 중이며, 북한이 새롭게 발표한 경제특구나 라선지역에 대한 특별한 투자 소식은 없지만, 기존의 대북 투자는 유지되는 수준으로 알려지고 있다.[10] 이러한 상황은 과거 북중경협 상황과 비교해 볼 때 큰 변화가 없다고 할 수 있으며, 중국이 북한의 생존과 안정을 위한 최소한의 경제 교역을 지속시키고 있다고 할 수 있다.

이에 비해 북한의 불확실성은 3차 핵실험을 통해 오히려 더욱 제고되었다. 북한의 3차 핵실험은 중국의 대북 억제력 한계와 북한의 자율성을 재확인시켰을 뿐만 아니라 중국이 상대적 영향력을 행사했던 6자회담이라는 비핵화 패러다임까지 붕괴시켰다. 더구나 한반도 긴장 국면을 최고조로 올리면서 중국에게 북한이란 대상이 철저하게 통제 불가능하다는 점을 각인시켰고, 미일·한미 동맹이 강화되는 명분까지 제공하면서 중국의 안보위협 부담을 가중시켰다. 물론 북한의 도발과 위협의 게임이 중국을 겨냥한 것은 아니고 미국과 한국을 대상으로 전개되고 있지만 이 게임에 한국과 미국이 쉽게 말려들지 않고 있는 것도 중국에게는 부담이 된다. 북한의 긴장 고조 정책이 지속됨에 따라 재정 및 물자 탕진에 따른 체제 유지 부담이 증가하고 있기 때문이다.[11]

그래서 중국의 대북 딜레마에서 불확실성이 불안정성보다 더 커졌다. 중국은 북한체제의 불안 및 붕괴 위험에 상당한 우려를 해왔다. 그래서 북한의 2차 핵실험 이후 불안정한 북한체제 생존을 대북정책의 최우선 순위로 전환시켰다. 국제사회의 비난과, 한국·미국 등과의 직접적 마찰에도 불구하고 북한의 도발을 애써 묵인하고 비호해 왔다. 중국은 북한의 유일한 후원국으로 입지를 굳히는 것이 신생 김정은 정권 길들이기에 유리하다고 판단했을 수 있다. 그러나 대북 영향력을 확대하고 북한 내 변화를 희망한 중국의 기대는 여지없이 무너졌다. 중국에게 북한의 불확실성이 더욱 커진 것이다. 김정은 정권은 변화보다는 군사모험노선의 구태를 선택했고, 동북아의 불안정을 야기시켜 중국의 전략적 부담만을 가중시켰다. 결과적으로 신생 김정은 정권 역시도 중국에게 상당한 자율성을 보여준 셈이다. 이미 김정은 정권이 안정화되었다고 한다면, 중국의 대북 딜레마에 있어 북한체제의 불안정성 요소보다 오히려 불확실성의 요소가 더 부각된 변화가 일어난 것이다.

이에 비해 북한의 대중 자율성은 제고되고 있다. 3차 핵실험 이후 중국이 대북제재에 강경하게 동참하자, 북한은 새로운 후원국 찾기 혹은 신등거리 외교를 본격 가동하면서, 중국에 대한 전략적 가치를 높이는 전략을 구사하였다. 일본과의 납북자 문제 협상 재개 외에도 러시아와의 관계 복원을 통한 수급구조의 다원화를 추구하였다. 북한은 러시아로부터 2013년 3689만 달러(한화 377억 원) 규모의 석유를 수입하였고, 이는 1차 핵실험 이후 러시아가 대북제재에 적극 참여하기 이전의 석유 수출 규모 정도로 회복된 수치이다. 동시에 북한은 러시아와의 경제협력을 확대시켰다. 2013년 9월 극동 하산역-나진항 간 54km 철도구간 개통을 시작으로, 북러 간 고위급 인사 교류 확대 및 대러 채무의 대폭 탕감을 성사시켰다. 2014년 역시 북한은 노동신문을 통해 "조러 친선관계에 새로운 장이 펼쳐졌으며 앞으로 친선협조관계를 더욱 강화할 것"이라고 밝혔으며[12] 10월에는 러시아의 북한철도 현대화 사업 본격 참여 선언 등이 있었다.[13]

종합해 보면 중국에게 있어 대북 정책 결정을 위한 동북아 지정학과 대북 딜레마의 구조적 환경에는 큰 변화가 없다고 할 수 있다. 이러한 상황에서 중국의 북한 문제에 대한 합리적 선택은 결국 균형을 맞추면서 현상을 유지하는 방향이 될 수밖에 없다. 중국의 이러한 대북 딜레마 상황은 한 중국 언론의 사설을 통해 잘 나타났다.

"북중 우호관계는 중국의 전략적 외교자원이기도 하다. 중국이 강대해지면서 외교카드도 점점 많아지고 있지만, 북중우호가 아태지역에서 갖는 효과는 아직까지 그 무엇으로도 대체될 수 없다. … 북중 우호관계를 유지하는 것은 중국의 대북관계 운영에 있어 주축이 되는 사상이며, 북한에 비핵화를 촉구하는 일도 양국 우호의 현실과 최대한 부합해야 한다. … 북한의 핵무기 개발은 북한에 대해 특수한 영향력을 갖고 있는 중국에게도 매우 어려운 문제이다. 북한과의 우호관계 유지와 핵무기 개발 반대 사이에서 균형을 이루는 일는 중국이 외교적으로 풀어야 할 과제이다."[14]

동북아 지정학과 대북 딜레마가 지속된다는 측면에서 본다면 시진핑 정부의 대북정책에 큰 변화가 있을 것이라고 기대하기는 힘들다. 중국의 대북정책의 기조인 한반도의 평화와 안정, 북한체제의 유지, 북핵문제의 평화적 해결, 대북 영향력 강화 등은 대부분 지속될 것이다. 미국의 아시아 재균형 정책이 지속되고, 이에 대한 중국의 전략적 의구심이 높은 상황에서 북한은 여전히 완충지대로서의 전략적 가치가 유효하다. 그러나 미국과의 전략적 협력 공간 필요성과 북한의 불확실성 제고는 중국의 대북정책에 있어서 미세조정을 불가피하게 할 것이다. 3차 핵실험 이후의 중국의 반응 역시도 이러한 구조적 균열에 대한 봉합의 필요성을 반영했다고 할 수 있다. 특히 최근 중국의 대응이 과거에 비해 강화된 측면과 반북여론의 증가는 중국이 향후 북한에 대한 채찍의 수준을 강화할 수 있음을 시사한다.

또한 중국은 북한체제의 불안정성이 어느 정도 해결이 되었다고 판단하고 있는 것 같다. 일부 중국 내 북한 연구자를 중심으로 북한의 경제개혁에 대한 상당한 긍정적 평가가 제기되고 있는 것도 이를 반영한다. 이들은 북한 김정은 정권이 사실상의 개혁개방 정책을 시행하고 있으며, 현상황이 1980년대 중반 중국의 경제개혁 상황과 유사하다고 평가한다. 더구나 새로운 경제특구 발표 역시 북한의 개방에 대한 의지로 분석해야 된다고 강조한다.

그러므로 중국의 선택에서 한반도의 평화와 안정을 위한 북한의 불확실성 예방이 북한체제 생존보다 우선될 수 있다. 그렇다면 북한체제 생존을 위협하지 않는 선에서 중국 나름의 대북 관리 압박 혹은 적극적 관여 조치가 구사될 수 있다. 그렇다고 이것이 북핵 해결을 위한 강압적 조치에 동조한다는 것은 절대 아니다. 중국은 긴장완화와 안정적 관리 차원에서 한반도 문제를 접근하면서도 국제사회의 강압적 대북정책에는 지속적으로 반대 입장을 취했고, 유엔안보리 대북제재에 참여하면서도 북한에 대한 강압적·물리적 수단 동원에는 소극적이었다.[15] 중국이 북한의 핵실험을 비난하면서도 일관되게 "정세의 반복적인 격화방지", "관련국들의 냉정 유지"를 강조하는 것도, 중국 관방언론을 중심으로 '중국의 대북제재에 대한 적절성 필요', '북한을 적으로 돌려서는 안 된다' 등의 기사들은 모두 중국의 대북정책에 큰 변화가 없을 것이라 예상케 한다. 따라서 시진핑 정부는 북한에 대한 적절한 수준의 압박을 통해 북한의 도발 및 추가 핵실험과 같은 위기 조성 행위 중단을 위한 노력, 6자회담 재개, 대북 경협의 점진적 확대(북한의 제도적 환경 여부에 따른)를 통한 북한 개혁개방 유도 등을 지속시킬 것이다. 또한 중국의 압박은 북한의 수용 여부에 따라 수준의 차가 날 가능성은 있지만 이것은 북한의 불확실성 예방과 불안정성을 야기하지 않는 수준에서 조정될 것이다.

1 Joseph Kahn, "China Offers its Help in US-North Korea Nuclear Talks," *The New York Times*, April 24, 2003.
2 9·11 이후 중미관계의 진전에 대해서는 Jonathan D. Pollack, "Chinese Security in the Post-11 September World: Implication for Asia and the Pacific," *Asia-Pacific Review*, Vol. 9, No. 2 (2002), pp. 19-20.
3 沈驥如, "維護東北亞安全的當務之急: 制止朝核問題上的危險博弈," 『世界經濟與政治』, 2003年 9期.
4 이영학, "중국의 대북정책 변화 분석," 『성균중국연구소 북중관계 R/C 세미나 자료집』 (성균중국연구소, 2014).
5 "북 김정은, 시진핑에 국경절 축전, '북중친선' 생략," 연합뉴스, 2014년 8월 20일.
6 김흥규, "21세기 변화 중의 미중관계와 북핵문제," 『한국과 국제정치』 27(1), 2011, p. 230.
7 특히 양제츠 중국 외교부장은 중국이 향후 북한에 대해 정부가 인도하고 민간이 참여하며, 시장이 운행한다는라는 원칙(政府引導, 民間參與, 市場運作)을 강조하면서 대북 교역의 확대에 적극성을 띠었다. 최춘흠, 『중국의 대북정책과 2·13 합의에 대한 입장』 (서울: 통일연구원, 2007), pp. 37-38.
8 이기현, "중국의 대북정책과 북중동맹의 동학," 『JPI 정책포럼』 2011년 5월, p. 7.
9 위의 글, pp. 8-9.
10 Mathieu Duchatel, "Tactical Pause in China's Economic Engagement with North Korea," China Brief, Vol. XIV, Issue 9 (May 7, 2014).
11 박형중, "북한정권의 긴장고조 정책의 딜레마와 향후 정세전망" (통일연구원 Online Series 13-12, 2013), p. 3.
12 로동신문, 2014년 7월 19일.
13 "러시아 북한 철도 현대화에 26조 투자," 중앙일보, 2014년 10월 30일.
14 "中朝友好關系是最後的堡壘," 『環球時報』, 2013年 12月 10日.
15 전병곤·이기현, "시진핑 체제의 출범과 대내외정책 방향: 12기 전국인민대표대회 제1차 회의 결과분석," 『통일정세분석』, 통일연구원, 2013), pp. 20-21.

## 02. 시진핑 시기 북한은 북중관계를 어떻게 보고 있는가?[1]

홍석훈 (통일연구원 부연구위원)

동북아시아 정세가 새로운 전환국면을 맞이하고 있다. 북한은 작년 장성택 숙청이라는 커다란 정치적 변환과정 속에서 미래의 불투명성을 담보하고 있다. 미국의 오바마(Barak Obama) 행정부 2기 출범 및 중국 공산당 시진핑(習近平) 정권 출범 이후 미중관계는 동아시아 패권다툼의 양상을 보이고 있다. 무엇보다도 동아시아 역내 북중 간 혈맹관계가 북한의 무리한 핵개발로 인해 와해되고 있다는 의견들이 불거지고 있다. 이처럼 동아시아에서 중국의 입지는 날로 두각을 나타내고, 북한을 둘러싼 한·미·일 동맹체제가 강화되는 상황 속에서 북중 간 혈맹관계가 지속될 수 있을지가 새로운 화두로 떠오르고 있다. 북한의 외교정책은 '핵개발 경제발전 병진노선'을 채택 및 유지하고 있기 때문에 안보적 동맹일 뿐 아니라 경제적으로 가장 의존하고 있는 중국과의 협력이 그 어느 때보다 중요한 시점이기도 하다. 또한 북한이 미국과 중국 양대 패권국 사이에서 어떠한 외교적 행보를 걸을 것인가가 매우 중요하다. 왜냐하면 북한의 외교적 입장에 따라 동아시아 정세는 가파르게 요동치기 때문이다. 이러한 문제의식하에 본 글은 시진핑 집권시기 북한의 대미·대중 외교정책을 분석하고 이것이 한반도와 동아시아 정세에 제공하는 시사점을 찾으려 한다.

## 01
## 북한의 대중국정책의 기본은 무엇인가?

북한의 대중국정책 선호도를 분석할 때 우선 우리가 주시해야 될 부분은 북중관계는 여전히 '전통적 우호관계' 토대 위에 '전략적 국가관계'를 병행하고 있다는 사실이다. 북한 지도부들의 중국에 대한 인식은 정책결정에 결정적 역할을 한다. 북한 지도부들의 대중 인식에는 한국전쟁과 정치·문화적 유산이 강하게 작용한다고 볼 수 있다. 비록 냉전체제의 붕괴와 북한의 핵개발로 인해 양국 간 신뢰가 약해졌다 하더라도 북한과 중국은 '혈맹관계'라 불릴 만큼 강한 역사적 결속력을 가지고 있다. 특히 양국 지도부들이 사회주의적 정치이념을 공유한다는 점은 서로를 신뢰할 수 있는 토대를 가지고 있다는 것이다. 비록 북한의 3대 세습 유일체제는 중국의 집단지도체제와는 상이한 정치체제를 갖고 있지만 양국의 일당체제 중심의 사회주의 국가제도는 북중 동맹관계의 핵심요소이다.

우선 안보적 측면에서 보자. 북중 안보동맹관계는 양국이 공유한 역사에서부터 비롯된 것이다. 중국은 한국전쟁을 통하여 북한이 당면하는 안보위협이 사회주의체제를 공유하고 있는 자국에 대한 안보위협과도 같다는 것을 인식하게 되었다. 비록 한국전쟁 이후 중국 인민지원군이 1958년 10월 북한에서 철수하였지만 중국은 전략적으로 북한 안보의 후견인 역할을 담당해 왔다(Lee, 1996: 59). 북중 양국은 1961년 "북한·중국 우호협조 및 상호원조에 관한 조약"을 체결하여 지금까지 동맹국 관계를 유지시켜 왔고, 한·미·일 군사동맹과 대치하며 동아시아 지역에서 동서 대립구도를 형성해 왔다. 또한 1970년 4월 7일 주은래와 김일성은 '공동성명(Joint Communique)'을 통해 미국을 공동의 적으로 간주하였고 미국의 제국주의(imperialism)를 강하게 비판하였다. 이러한 맥락에서 양국은 미국의 위협으로부터 서로를 공동 방어하였을 뿐 아니라 한반도에서의 미군철수를 강하게 요구하였다.[2] 이는 북중 간 군사동맹체제를 재확인하는 계기가 되었다.

정체성 측면을 보아도 북한은 중국과의 우호적 관계를 유지하려고 할 것이라는 추론이 가능하다. 비록 북한은 3대 세습을 통한 북한식 유일체제를 존속시키고 있지만 중국과 마찬가지로 사회주의적 가치를 지도이념으로 삼고 있고, 공산당 일당중심의 정치체제를 유지시키려는 국가지도부의 정치적 이념을 공유한다는 데 주목해야 한다. 여기에 북중 간 과거 한국전쟁을 통한 역사적 혈맹관계라는 경험과 한반도를 중심으로 동아시아 지역에는 여전히 서구 자유주의 국가들과 대립되는 정치적·이념적 이데올로기 경쟁구도를 가지고 있다는 점이다.

이 외에도 2012년 김정일 사후, 김정은은 지속적으로 핵억지력을 기반으로 '강성국가'라는 체제통치이념을 내놓고, '핵개발'과 '경제건설'이라는 병진노선을 주장하고 있다는 점에도 주목할 필요가 있다. 갑작스런 김일성의 죽음(1994)과 동구권의 몰락에도 불구하고 김정일 후계구도는 확립되었다. 북한 유일체제 유지를 위하여 김정일은 '선군정치'라는 정치적 슬로건을 내걸고 핵무장을 중심으로 국방력 강화와 '실용적 대외정책'을 수립하게 되었다. 북한정권은 1998년 북한신헌법을 통하여 김정일 국방위원장 체제를 확립시키고, 국내 식량난과 정치불안을 해소하기 위하여 "강성대국"이라는 슬로건을 처음 등장시키면서 대중국 외교정책을 과거 '전통적 우호관계' 기반 위에 '경제적 전략관계'로 확대해 나가기 시작했다.

이는 북한지도부가 경제발전 없이는 정권유지도, 체제안정도 보장받을 수 없다는 급박함을 표현한 것이다. 경제적으로 북한은 중국과 협력관계에 있다. 북한 역시 핵개발로 인해 중국과의 관계가 악화된다는 것을 인지하면서도 동아시아에서 북한이 중국에 미치는 역학관계를 잘 이해하기에 양국의 '전통적 혈맹' 관계를 강조하면서 경제적 협력관계를 추진해 왔다. 2009년 북한의 2차 핵실험(2009년 5월)으로 인해 중국은 대북제재(UN Security Council Resolution 1874)에 동참하였음에도 불구하고 단둥 경제협력지구를 발표하였고, 2011년 황금평, 나선 경제특구 개발을 추진하였다.[3] 2012년 8월에는 장성택이 북중 공동지도위원회의 북측 단장이 되어 베이징을 방문하여 제3차 개발합작연합지도위원회 회의를 개최하고 나선지구(나진-선봉)와 황금평-위화도 공동 개발 및 관리, 나선 경제무역지대 항구 및 산업구 투자 기본합의서를 비롯한 황금평 경제특구 관리위원회 설립에 관한 양해문 등이 조인되었다.[4] 북한지도층에 필요한 사치품 교역량을 보면 양국 간 경제적 우호관계를 극명하게 알 수 있다. 미국 의회보고서에 따르면 북한의 지난 2006년 미사일 발사실험과 1차 핵실험(2006년 10월), 2009년 5월 2차 핵실험으로 인한 UN의 대북제재에 중국이 동참했음에도 불구하고 북한의 중국을 통한 사치품(luxury goods) 수입이 2008년에 1억 달러~1억 6천 달러에 달했고 지속적으로 사치품들이 중국을 통하여 북한으로 유입되었다고 한다. 군사적으로도 2002년 2차 북핵위기 이후 북한의 핵개발로 인한 UN 제재 속에서도 중국으로부

터 북한의 소형무기 수입이 증가한 것으로 보고되었다(Nanto and Manyin 2010).[5]

다시 말해 북한은 냉전체제 붕괴 이후 미국의 동아시아 패권유지와 중국의 지역 패권 부상국이라는 틈 사이에서 중국을 적절히 끌어들여 자신의 경제적 난관을 극복하는 데 외교적 초점을 맞추었다고 볼 수 있다. 그리고 이러한 북중 간의 경제협력 증진에는 남북관계와 국제적 경제제재가 하나의 대외변수로 작용했다고 볼 수 있다. 즉, 2008년 한국의 이명박 정부 등장 이후 북한에 대한 경제교류확대 정책(햇볕정책, Sunshine Policy)을 비판하는 가운데 천안함, 연평도 포격사건 이후로 한국정부의 5·24조치는 남북 간 경제교역을 극히 제한하였고, 2006년 10월부터 2013년 2월까지 3차례에 걸친 핵실험과 장거리미사일 발사는 UN의 지속적 경제제재를 초래하였다.[6] 이는 결과적으로 중국에 대한 북한의 경제적 의존도를 가중시킬 수밖에 없었고, 중국 역시 대외적으로 북한을 비판하면서도 경제적 협력과 지원을 지속적으로 유지하면서 정상국가관계로의 전환과 경제적 이익을 추구하게 하였다는 사실이다.

## 02
## 김정은 정권의 대중정책은 향후 어떻게 변화될까?

최근 북한 정권의 대중국 정책기조와 전략과 관련하여 현재까지 양 국가 간 '전통적 우호관계'가 여전히 작동하는가에 대한 이론(異論)이 있다.

시진핑의 5세대 집권기를 맞아 북한은 중국의 경고에도 불구하고 '3차 핵실험(2013년 2월)'을 감행하였다. 북한의 3차 핵실험으로 인해 북중관계는 경색국면을 유지할 것이라는 전망 속에 2013년 12월 장성택의 처형은 양국 간 대외정책에 변화가 생기지 않을까라는 의구심을 갖게 했다. 친중파로 불리던 장성택은 중국과의 황금평, 나진 특구 등 경제협력을 총괄하는 핵심적 인물이었던 만큼 북한의 장성택 처형은 북중관계를 다소 경색시킨 것도 사실이다. 하지만 북한 김정은 정권은 2013년 5월에 최룡해를 중국에 급파하는 노력을 보였으며 최근까지 북중 간 경제교역량은 크게 감소하는 모습을 보이지 않고 있다. 여기에 5·24조치 이후 남북관계의 경색, 전 세계적 대북 경제봉쇄가 지속되고 있는 상황에 주목해 볼 때, 중국과의 경제협력을 통한 경제난관 극복이라는 북한정권의 대중국 외교정책 전략의 큰 그림은 바뀌지 않을 것으로 보인다. 북중 경제협력을 주도한 장성택의 숙청으로 한동안 냉각기를 거칠 것으로 보였던 양국 관계에도 불구하고 지속적인 중국당국자들의 방북이 이뤄지고 있다는 점을 감안한다면 북중 양국이 최악의 외교상황은 아니라는 것으로 해석될 수도 있기 때문이다.

북한 지도부의 대북한 인식과 선호도 그리고 대중국정책을 구체적으로 고찰하고 대외상황들을 유기적으로 분석한다면 양국 혈맹관계의 존재 여부를 판단할 수 있을 것이다. 앞에서 언급한 바와 같이, 역사적으로 북중 간에는 한국전쟁을 통한 혈맹관계 형성과 함께, 정치적으로 일당체제의 사회주의체제를 갖고 있고 한·미·일 군사동맹체제에 대립하는 북중 군사동맹관계를 유지하고 있다. 이러한 역사적 경험은 북한 정치엘리트들의 대중국 인식에 지대한 영향을 미쳤을 것이고, 한반도와 관련하여 1992년 '한중수교' 이후 북중 간의 관계가 소원해진 것은 사실이지만 북중 간 '전통적 우호관계'가 틀어졌다고 단정 짓기에는 아직 이른 감이 있다. 북한은 중국을 공식적으로 비방하거나 우호관계를 벗어나는 외교적 태도를 보이지 않았다. 물론 3차 핵실험은 중국에게 큰 도전이었지만 북한이 정치·경제적 측면에서 중국을 배제할 수 있을 만큼 국제정세가 북한에게 유리하지 않다는 점이다. 여전히 북한이 핵개발 중단에 대한 어떠한 노력과 의지가 없기 때문에 향후 북한에 대한 국제적 체제 압박과 경제제재는 지속될 것이고 중국을 제외하고 북한을 도울 만한 특정 국가도 쉽지 않은 상황이다. 북한정권에게 '북한식 정치체제'와 '폐쇄적 대외정책 유지' 프레임 안에서 장기적 경제난 타결과 경제발전을 위해서는 현실적으로 중국과의 경제협력밖에는 없다.

또한 북한은 핵무장을 무기삼아 미국과 외교적 줄다리기를 펼치면서 경제원조 및 국교정상화를 시도하고 있다. 북한이 중국과 과거의 혈맹적 관계를 이용하면서도 양국 간 '전략적 경제협력' 관계로 전환하려는 의도를 보이고 있다는 것이다. 실례로, 북한의 중국외교정책에 있어 1990년대 이후 북한이 국내외적 요소로 인해 경제적 난관에 부딪혔을 때 북한은 중국 고위급 인사들과의 상호방문을 통하여 경제난을 타결하고 북중 경제협력 및 원조를 약속받았다. 결국 북한의 대중외교정책의 구심점은 중국과의 '경제협력'에 있다는 것을 보여준다.

최근 북한의 3차 핵실험(2013년 2월) 이후 중국이 북한에 대한 제재에 적극 동참하고 있고, 장성택 숙청 이후 북중관계가 경색될 것이라는 염려와는 달리, 여전히 북중 간 경제교역량에 큰 변동이 없다는 것은 북중 간의 경제협력을 통하여 양국관계가 악화되어 가고 있지 않다는 실례를 보여주고 있다.[7] 또한, 지난 12월 장성택의 처형사실이 중국에 전해진 뒤 훙레이(洪磊) 중국 외교부 대변인은 "조선(북한)의 내부의 일"이라고 언급하면서 북중 간의 전통적인 우호관계를 유지하겠다는 의지를 밝혔고, 올해 2월 13일 중국 베이징의 북한 대사관에서 열린 광명성절 기념 연회에는 왕자루이(王家瑞) 중국 공산당 대외연락부장이 참석해 "중국 당과 정부는 조선(북한)과의 친선을 매우 귀중히 여기고 있다."고 언급하였던 것[8]과 류전민(劉振民) 중국 외교부 부부장이 북한과 한국을 연이어 방문하면서 외교적 조율을 시도했던 일련의 행보들은 중국이 북한을 핵문제로 강하게 압박하는 듯하면서도 우호적 북중관계를 철회하지 않는 외교 행태들을 엿볼 수 있다.

2014년 3월 헤이그 한중 정상회담에서 시진핑 중국 주석은 한중관계에 있어 공통의 이익과 관심사를 공유하고 있다는 데에 강조점을 두고 있으며 한반도의 비핵화와 한반도의 평화 안정 유지를 희망하며 평화적 방식을 통한 문제 해결을 견지하고 있다고 언급했는데, 중국은 '자주, 평화' 통일을 언급함으로써 한국의 흡수통일방안이나 미국의 한반도 개입을 견제하며 남북한 양측의 입장을 고려하는 모습을 보였다.[9] 한반도 비핵화 역시 중국 입장에서는 미국의 한국 핵우산 제공 및 미군 주둔을 염두에 둔 표현이라고 해석할 수도 있다. 경제협력을 통한 한중 간의 '전략적 동반자' 관계가 심화된다고 해서 북중 간의 우호적 관계가 와해된다고만 볼 수는 없을 것 같다.

북한은 어디까지나 중국과의 관계가 더 중요하다. 미국은 북한의 이념적·안보적 적대국이지만, 북한 정권의 정통성과 내부적 결속을 가져다주는 통치기제이기도 하다. 미국이 강한 적으로 존재했을 때, 북한의 핵무장론이나 내부통제에 보다 더 효과적인 경우가 많기 때문이다. 또한, 북한 김정은 정권은 핵 병진노선을 채택하여 미국을 압박하고 있어 북미 간 발전적 외교관계가 형성되기에는 한계가 있고, 미국 역시 대북한 화해정책이나 경제지원에 대한 의지가 약한 상황에서 북한은 대미외교를 통해 국가이익을 추구할 수 없다는 것을 잘 알고 있을 것이다. 북한의 입장에서는 대미외교보다는 대중외교가 중요할 수밖에 없다. 북한의 경제교역은 중국과의 거래가 지배적이며, 경제적 지원과 교류 역시 중국으로부터 나온다. 즉 북한 경제의 발전은 중국에게 달려 있는 상황이다. 더욱이 남북관계가 장기적으로 경색되어 있는 구도에서 북한이 한국으로부터의 경제적 이득을 취할 수 있는 기회는 줄기 때문에 향후 북한 정권은 북중관계 회복에 주안점을 둘 것으로 예상된다. 즉 북중관계는 양국의 전통적 우호관계를 지속시키면서 북중교역을 통한 경제이익관계를 추구해 나갈 것으로 보인다. 그러나 북한이 핵개발을 지속적으로 추진함으로써 중국을 자극하거나 핵을 외교적 수단으로 이용하여 중국의 원조를 확대하려 한다면, 중국 또한 북한을 대하는 방법을 달리 할 수 있다는 것에 주목해야 할 것이다.

북한의 강경적 안보전략에도 불구하고 김정은은 체제 공고화와 안정을 위하여 북한경제 회복이 시급한 상황이다. 북한 권력 내 김정은의 확실한 2인자가 없고 경험이 없는 김정은은 '경제발전'이라는 슬로건을 내걸고 북한주민에게 자신의 정통성을 부각시키려 할 것이다. 그러나 정치적 경험이 부재하고 카리스마도 현저히 부족한 김정은 정권의 급선무는 선대가 유지해 오던 유일체제 존속이다. 이것이 북한 김정은 정권의 딜레마인 것이다. 경제발전을 추진하려면 외부와의 교류확대와 정보교류가 필요한데, 선대가 발전시켜 온 주체사상에만 의지하여 북한식 수령 체제를 유지시킨다는 이 두 가지 명제는 분명 한계점이 있다. 남북한 정치·군사적 대립과 핵개발로 인한 국제적 고립이 지속되는 한 '강성국가' 건설이라는 슬로건은 공허한 메아리일 수밖에 없다. 현실적으로 북한경제 살리기 정책은 당장 중국과의 경제협력일 수밖에 없다. 종합적으로, 북한 김정은의 대외전략은 향후 크게 바뀌지 않을 것으로 예상된다. 또한 러시아와 일본을 비롯한 한반도 주변 국가들도 북한에게 유리한 형국으로 움직이지는 않을 것으로 보인다. 무엇보다도 북·중 간의 관계가 어떻게 변화하는지가 향후 북한 대외정책에 크게 작용할 것으로 예상된다. 비록 김정은 정권이 추구하는 다채널외교가 성과를 보인다 하더라도 북한은 중국과의 외교적 관계회복과 원활한 경제교류가 이루어지지 않는다면 현재의 외교적 고립과 경제적 궁핍을 벗어나기 힘든 상황이기 때문이다. 그러므로 '중국과의 전략적 경제협력' 이라는 북한의 대중외교정책 기조는 쉽게 바뀌지 않을 것이다.

결론적으로 북한은 '전통적 혈맹관계'와 중국이 요구하는 정상국가관계를 절충하려고 노력할 것으로 본다. 북한은 신냉전적 분위기가 고조되고 있는 동아시아 정세를 이용하여 우호적 북중관계를 지속시키면서도 중국과의 경제교류 협력을 한층 발전시켜 북한 경제발전을 도모할 것으로 예상된다. 여기에 지역패권국으로 부상하고 있는 중국이 거세게 북한을 정상국가관계로 전환하려 한다는 점을 주목해야 한다. 북한이 향후 대중외교를 어떻게 전개시키느냐에 따라 북한 정권의 대남·대미 정책뿐만 아니라 대외정책 전반에 큰 변화요인으로 작용할 것이다.

---

1 이 글은 "What does North Korea want from China?:Understanding Pyongyang's Policy Priorities toward Beijing," *The Korean Journal of International Studies*, 12-1(2014)과 『중국의 대북한 외교정책 기조와 전략: 중국지도부의 인식과 정책선호도를 중심으로』(정치정보연구 제17권 1호)의 논문을 재구성하여 보완한 글임.
2 *The Joint Communiqué of the Sino-North Korea*, Peking Review(April 10, 1970), pp. 3-5.
3 김정일은 4차례 중국을 방문(2010.5.~2011.8.): 2010년 5월 김정일은 단동, 대련, 베이징, 심양 등을 방문하고 후진타오 주석과 정상회담을 가졌으며, 양국 고위층 간의 교류를 통하여 실질적 경제무역협력을 합의하였다고 중국 측에 밝힘. 또한 2010년 8월에 길림, 장춘, 하얼빈 등을 방문하였으며 장춘에서 후진타오 주석과 정상회담을 갖고 6자회담과 '장길도(장춘, 길림, 도문) 개발계획' 등의 경제적 협력에 대해 논의함. 통일부 통일교육원, 『북한이해 2013』, p. 80 참조.
4 통일부 통일교육원, 『북한이해 2013』, p. 81 참조.
5 홍석훈, "북한의 대중국 외교정책: '전통적 북중 혈맹관계' 토대 위에서 '전략적 경제협력관계'로," 『성균차이나브리프』, 제2권 제2호(2014년 4월), p. 94 참조.

6 북한의 핵실험과 장거리미사일 발사 일자 – 북한의 1차 핵실험(2006년 10월 9일), 2차 핵실험(2009년 5월 25일), 3차 핵실험 (2013년 2월 12일); 북한 장거리미사일 발사(광명성 2호: 2009년 4월 5일, 광명성 3호: 2012년 4월 14일, 은하 3호: 2012년 12월 12일).
7 2013년 중국의 대북무역은 65억 7천만 달러로 전년대비 10.9% 증가한 것으로 나타남(성백웅 · 양지연, 2014: 12).
8 연합뉴스, 2014년 2월 18일.
9 연합뉴스, 2014년 3월 24일.

# 03. 중국은 왜 북한의 핵개발을 저지하지 못하는가?[1]

서정경 (성균중국연구소 교수)

북한의 핵문제 해결 및 한반도와 동북아의 평화라는 희망을 안고 2003년 8월 첫 개최되었던 6자회담은 오늘날에 이르기까지 몇 차례 개최되다 암초에 부딪혔다. 현재 재개 전망조차 불투명한 상태다. 북한은 2006년 10월, 2009년 5월 그리고 2013년 2월에 이르기까지 총 세 차례에 걸쳐 핵실험을 단행하였다. 이처럼 북핵문제가 불거진 지 20여 년이 지나는 동안 북핵문제는 해결은 고사하고 점점 악화되어 왔다. 중국은 전 세계 G2의 위상을 가졌을 뿐 아니라 북한에게 상당한 양의 유무상 원조를 제공하고 있는 나라임에도 불구하고 자신과 인접한 북한의 핵개발을 포기 또는 억지하는 데 강한 영향력을 발휘하지 못함을 여실히 드러냈다. 오히려 현재 북한과의 관계도 크게 경색되어 전략적 레버리지를 상실하고 있을 뿐 아니라, 국제사회로부터 북핵과 관련한 "중국책임론"에 직면해 있다. 이는 바꿔 말하면 비록 국력상으로는 중국이 북한에 비해 훨씬 강하지만, 북핵문제에 있어서 만큼은 북한이 중국에게 대응하는 강한 힘을 발휘해 왔음을 의미한다.

이러한 이유는 여러 가지가 있겠으나 이 글에서는 크게 두 가지 차원 즉 미중관계의 차원과 북중관계의 차원에서 살펴본다. 한반도를 둘러싼 미중 경쟁이라는 구조(structure)적 차원과, 북한과 중국이라는 단위(actor)적 차원에 대한 분석인 것이다. 그리하여 한때 혈맹의 관계이자 같은 사회주의 국가인 중국과 북한이 핵을 둘러싸고 전개해 온 첨예한 갈등 및 상호 애증 관계를 밝히고자 한다.

# 01

## 미중관계 차원에서 북한의 위상?

북한이 중국의 강한 반대에도 불구하고 핵카드를 거듭 사용하고 한반도 정세를 악화시킬 수 있는 힘은 미중관계와 긴밀한 관계 속에서 형성되고 있다. 미중관계는 1970년대 데땅뜨 이후 오늘날에 이르기까지 시기별로 정도의 차이는 있지만 대체로 전반적인 안정과 타협의 시기를 지내 왔다. 개혁개방 이후 빠른 성장세를 보여 온 중국은 미국에게 도전하지 않겠다는 입장을 거듭 천명해 왔다. 미국도 중국을 국제규범 속으로 묶어 그 속에서 중국의 건설적 역할과 기여를 이끌어내는 데 더 많은 관심을 두어 왔다. 미국의 '이익상관자', 중국의 '평화부상' 및 '책임대국론'은 양국의 이러한 입장을 반영한다. 그러나 다른 한편 미중 양국은 여전히 정치적으로 서로를 불신하기 때문에 지정학적 요충지인 한반도를 둘러싸고는 일정한 경쟁과 대립구도를 형성하고 있다. 그리고 이러한 미중관계의 이중성은 한반도 정치를 복잡하게 만드는 외부요인으로 작용하고 있다. 미국은 한국, 중국은 북한이라는 전략적 요충지에 대해 각자 자신의 영향력을 확보함으로써 서로에 대한 견제력을 담보하려는 것이다.[2] 중국의 부상이 심화되자 미국이 미일 및 한미동맹을 강화하고, 사드의 한반도 배치 및 한·미·일 군사정보 공유 등을 추진하는 것이나, 중국이 북한과의 군사안보동맹을 줄곧 폐기하지 않고, 북한에게 끊임없이 장기저리 형태로 원유를 제공하고, 북한과 활발한 무역을 진행하는 주된 이유가 바로 거기에 있다.

이러한 미중관계의 이중성은 북한에게 전략적 공간을 제공하고 있다. 북한은 비록 국력상으로는 중국에 비해 훨씬 약하지만 일단 군사동맹이라는 구조적 틀 속에서는 우위에 있다. 물론 평시에 공동 군사훈련을 전개하지도 않고, 특히 평화발전 노선을 채택한 중국이 군사동맹 파트너로서 필요시 북한에게 군사원조를 제공해 줄 것인가, 즉 북중 군사동맹의 실질적 유효성에 대해서는 논쟁의 여지가 있다. 그러나 일단 동맹조약을 맺은 국가들은 비단 무력분쟁이 발발한 전시가 아닌 평시에도 동맹관계 속에서 자국의 이익을 극대화하기 위한 상호 각축 및 정치적 과정을 전개한다. 중국과 북한 간 1961년에 체결된 '조·중 우호협력 및 상호원조조약'은 여전히 폐기되지 않았고, 북한과 중국은 줄곧 동맹정치를 전개해오고 있는 것이다.

동맹의 안보딜레마(Alliance's security dilemma) 모델에 따른다면 동맹조약을 맺은 국가는 필요시 상대에게 얼마만큼의 지원 의사를 보이고, 또 상대로부터 얼마만큼의 지원 의사를 끌어낼 수 있는지, 혹 내가 상대로부터 버림받을 가능성을 얼마나 줄일 수 있는지, 또 상대를 배반할지 등 다양한 경우의 수를 둘러싸고 자국의 이익을 위해 동맹 파트너와 일종의 게임을 전개한다.[3] 북중관계도 마찬가지다. 북한이 벼랑 끝 전술을 통해 단기간에 북미관계뿐 아니라 한반도 정세를 크게 악화시키는 경우, 북한과 군사동맹관계에 있는 중국은 유사시 한반도 무력분쟁에 개입되어야 한다는 부담에 직면한다. 이른바 동맹의 연루 위기(entrapment crisis)다. 그렇지만 중국은 자신의 동맹국 북한으로 인해 분쟁에 연루되길 원하지 않는다. 경제의 지속 성장을 위해 안정된 주변환경을 누구보다 원했던 중국은 북한의 도발로 인한 한반도 정세의 불안을 자국이익에의 침해로 여기고 있다.[4] 더욱이 세계 최강대국 미국과의 군사적 충돌은 가장 최악의 경우가 아니라면 절대로 넘을 수 없는 레드라인에 해당한다. 따라서 북한의 거듭된 벼랑 끝 전술로 위기가 고조될 때마다 중국은 한반도의 평화와 안정을 부르짖으며 관련국의 냉정을 촉구하곤 했다. 아울러 중국이 타국과의 분쟁에 동맹국 북한을 분쟁에 연루시킴으로써 이익을 얻을 만한 별다른 사안이나 조건도 존재하지 않는다. 이에 비해 북한은 벼랑 끝 전술을 통해 위기를 고조시킴으로써 관심을 자신에게 집중시키고 원하는 것들을 얻어내는 패턴을 반복해 왔다. 정권의 불안을 자극시킬 전쟁도 벌어지지 않았다. 즉 연루게임에서 북한이 중국보다 우위에 있는 것이다.

이 외에도 북한은 이따금씩 중국을 버리고 미국편에 설 수 있다는 제스처를 취하곤 했다. 이른바 중국으로 하여금 방기 위기(abandonment crisis)에 직면하게 하는 것이다. 가령 2000년 김정일 위원장은 김대중 대통령과의 회담에서 통일 이후에도 주한미군이 주둔할 수 있다는 입장을 피력한 바 있다. 그리고 평양을 방문한 미국의 올브라이트 국무장관에게 "소련이 무너지고 중국이 개방하면서 두 나라와 북조선 간 군사동맹이 소멸된 지 10년이 지났다."고 언급한 적도 있다. 그리고 중국에 대한 이러한 북한의 도발적 언사가 나온 바로 다음해 북중동맹은 또다시 조용히 20년 연장되었다. 2007년 남북정상회담에서 조인된 '남북관계 발전 및 평화번영 선언'에 한반도 정전상태 종식을 위해 3자 또는 4자 간 정상회담을 열

자는 내용이 담기자 중국이 민감한 반응을 보인 것은 방기 위기에 대한 경각심에서 비롯된 것이다.[5]

김정은 정권의 대러 및 대일 접근 또한 같은 맥락에서 풀이할 수 있다. 중국은 남한뿐 아니라 북한마저 미국의 영향권 내로 포섭되는 상황을 원하지 않는다. 북한 요인으로 인해 한반도에 무력분쟁이 발생한다면 중국은 군사지원을 제공하지 않을 것이라는 입장을 흘리거나, 20년마다 갱신되는 북중동맹의 다음번 갱신 여부 결정이 2021년에 이뤄질 것이라는 중국 관영 CCTV의 보도는 중국도 북한을 버릴 수 있다는 메시지를 북한에게 전달하려는 의도로 보인다. 하지만 중국이 실제로 북한을 포기할 가능성은 지금까지의 상황을 봐도, 또한 향후에도 매우 미약할 것으로 예측된다. 오바마 행정부의 '아시아재균형' 정책 등 중국에 대한 미국의 견제가 심화되는 오늘날의 상황 속에서 중국의 눈에 비친 북한의 가치는 더욱 높아지고 있기 때문이다.

중국은 제18차 당대회 정치보고에서 이미 2008년 세계 금융위기 이후 국제사회의 역학구도가 변화되고 있다는 세계관을 드러낸 바 있다.[6] 그리고 이러한 인식 속에서 취임한 시주석은 2050년까지 '중화민족의 위대한 부흥'을 이룬다는 '중국의 꿈(中國夢)'을 공개적으로 선언했으며, 본인의 재임기간이 이를 위한 기반 구축기라고 인식하고 있다.[7] 현재 중국은 자신의 강대국화 과정 중 패권국 미국과의 전략적 상호불신 속에서 생겨나는 다양한 문제들에 어떻게 대처하는가, 그리고 중국의 부상에 대한 주변국들의 경계심 및 마찰을 어떻게 해소하고 자신의 영향권 속에 포섭하는가라는 주요 문제에 직면해 있다. "대국관계는 관건이고, 주변외교는 우선순위에 있다(大國是關鍵, 周邊是首要)"는 것이다. 그런데 북한문제는 이 두 가지와 모두 연관된다. 북핵문제 처리는 중국의 대미정책과 밀접한 관련 속에서 진행되는 사안이고, 북한은 중국과 접경한 주변국이다. 그런데 시진핑 시기 들어 중국은 미국의 견제가 더욱 심해지고 있다고 여긴다. 오바마 정부의 '아시아재균형' 정책, TPP 추진, 남중국해 분쟁 개입, 미일동맹 강화, 한·미·일 군사정보 공유 추진, 사드의 한반도 배치문제 등은 모두 중국에게 매우 불편한 것으로 간주되고 있다. 중국은 비록 미국이 현재 쇠락하는 과정에 있지만 자신이 미국의 지위를 대체해 나가는 속도를 늦추기 위하여 할 수 있는 모든 조치를 다 취할 것이라고 여긴다.[8] 미국이 '아시아재균형' 정책을 통해 아태지역 군사력의 전략적 중점을 제2도련선으로 조정하면서 제2도련과 중국 사이에 권력 진공상태를 만들고 그 지역에서 아시아 국가들과 중국 간 마찰이 발생하기를 원한다는 것이다. 따라서 이러한 상황에서 중국이 북한과 마찰을 빚거나 또는 미국의 대북 전면 봉쇄에 참가한다면 이는 북중관계를 이간하려는 일본과 미국의 술수에 걸려드는 것이라는 견해가 나온다. 즉 한반도를 둘러싼 미중 간 경쟁국면이 심화되는 상황 속에서 중국에서는 북한에 대한 영향력 및 입지를 강화시켜야 한다는 목소리가 강화되는 추세다. 이는 2014년 11월 27일부터 12월 8일까지 환구시보에 연속으로 게재된 대북정책 관련 기고문 다섯 편 중 대다수가 북중관계의 중요성을 주장했다는 사실에서도 확인할 수 있다. 미국이 한미·미일 동맹을 강화하려는 상황 속에서 북한의 지정학적 가치는 매우 중요하므로 중국은 결코 북한을 버리는 오판을 하지 말아야 하며, 중국 자신의 국익을 위해 북중관계를 우호적으로 이끌어야 한다는 공통된 입장을 담고 있다. 이는 한반도를 둘러싼 미중 경쟁관계 구도 속에서 연루뿐 아니라 방기를 둘러싼 북중 간 줄다리기에서도 북한의 입지가 더욱 단단해지고 있음을 의미한다. 그리고 이러한 사실은 북한과 동맹관계를 유지해 나가는 가운데 중국이 방기와 연루 중 그 어느 것 하나에서도 북한보다 유리한 위치에 있지 않음을 나타낸다. 이는 북한이 중국의 압박에도 불구하고 계속적으로 중국의 의사와 무관하게 핵개발을 추진할 수 있는 힘으로 작동하고 있다.

## 02
## 북중관계 차원에서 북한의 위상?

### 첫째, 중국으로부터의 자주성을 중시하는 북한

북한은 건국 초기부터 지금에 이르기까지 늘 자주성과 주체성을 매우 중시해 왔다.[9] 그리고 대(對)중국 견제, 이것은 북한이 건국 이후 지금에 이르기까지 지속적으로 견지해 온 북한 외교정책의 주요 특성이다. 북한은 김일성 주체사상을 바탕으로 국가를 건설하고 유지해 나가는 과정 속에서 중국으로부터의 내정간섭 또는 영향력을 배제하려는 움직임을 지속적으로 보여 왔다. 1956년 종파사건 이후 북한은 국내 정계에서 친중인사(연안계)를 숙청했고, 이후 중국에게 인민지원군 철수를 요구하여 관철시켰다. 이로 인해 중국은 북한에 대한 자신의 영향력 실시 채널을 상실하게 되었다. 북한 건국 이후 주중 북한대사 10명, 외무상 7명 중 친중인사(연안계)가 단 한 명도 없었다는 사실은 그만큼 북한이 중국의 내정간섭을 우려했음을 나타낸다.[10] 중국이 1978년 제18기 삼중전회를 계기로 개혁개방 노선을 걷기 시작하면서 경제가 빠르게 발전하고 강대국으로 성장하자 중국에 대한 북한의 경계심은 더욱 강화되고 있다.

따라서 북한의 핵무기 또한 비록 겉으로 분명히 드러나지는 않지만 내부적으로는 중국을 견제하기 위한 유력한 수단으로 간주되고 있음을 추론할 수 있다. 북한이 북핵 개발을 통해 미국의 안보 위협에 대한 보장 외에도 중국으로부터의 자주성을 확보해 왔을 뿐 아니라, 특히 1990년대부터 중국의 강대국화가 가시화되는 가운데 북핵을 통해 강대국 중국의 대북 간섭 및 영향력을 차단하려는 의도를 보이고 있다는 것이다. 북한은 종종 '미 제국주의'가 자신을 적대시하고 고립 압살하려 책동한다는 입장을 대내외적으로 피력해 왔지만, 이와 동시에 자신의 자주성을 위협하고 내정에 간섭하려는 '대국'들에 대한 경계심과 비판인식도 자주 표출해 왔다. 이때 북한이 칭하는 대국이란 흔히 중국과 구소련을 의미한다. 하지만 소련이 해체되고 중국이 개혁개방 이후 비약적인 국력 증대를 이룬 점을 고려한다면 북한이 탈냉전 이후 실질적으로 느끼는 강대국에 대한 경계심은 주로 중국에 대한 것이라 판단하는 것이 타당하다. 실제로 북한의 노동당 기관지 노동신문 논설에는 중국이 대북제재에 참여하거나 중국에 대한 불만이 생길 때 '대국주의자'라는 용어로 중국을 우회적으로 겨냥하는 경우가 많다. 2014년 노동신문 6월 26일자 제1면 "위대한 사상의 힘은 무궁무진하다"는 제목의 사설에는 "혁명과 건설에서 언제나 자주적 대를 확고히 견지해 오신 대원수님들(김일성·김정일) 영도가 있었기에 제국주의자들의 그 어떤 강권 책동도, 대국주의자들의 압력도 우리 인민을 굴복시킬 수 없었다."고 쓰여 있다.

 북한의 핵무기와 미사일 개발은 북한이 단순히 미국의 대북 적대시 정책에 대응하려는 것일 뿐 아니다. 점차 힘이 커져가는 중국에 의해 자신의 자주성이나 정책적 자율성을 희생당하지 않기 위한 북한의 전략적 몸부림이기도 한 것이다. 북한과 중국이 비록 혈맹의 역사를 공유하였을 뿐 아니라, 유사시 상호지원을 명시한 군사동맹 파트너임에도 불구하고 북한이 중국의 핵우산 제공에 대한 기대를 갖거나 제공을 요청하기보다는 자체적 핵개발에 주력해 왔고, 오늘날 중국의 강한 반대에도 불구하고 지속적으로 핵실험을 추진한다는 사실은 북한이 자국의 안보를 지키기 위해 중국에게 가능한 의존하지 않는다는 사실을 방증하는 것이다. 그리고 북한 핵무기 개발 수준의 제고에 따라 핵을 통한 북한의 대중 견제력 역시 더욱 제고되고 있다고 평가할 수 있다.

### 둘째, 북중 핵개발 명분의 유사성

북한의 핵개발 명분과 주장이 과거 1960년대 중국의 핵개발 명분 및 주장과 상당히 유사하다는 사실은 북한의 핵개발에 대한 중국의 반대 입장이 근원적으로 제약됨을 의미한다. 평등을 지향하는 사회주의 국가관계상 중국과 북한 간 동일한 상황에서 누구는 되고 누구는 안 된다는 논리가 통용되기 쉽지 않다는 것이다. 물론 중국은 현재 북한의 핵개발에 반대하고 한반도 비핵화를 추구한다는 입장을 명확하게 표명하고 있다. 하지만 이는 제2차 핵위기 이후에야 비로소 드러났던 입장이며, 아울러 북한의 안보에 대한 합리적 우려를 다른 나라들이 해소해 줄 필요가 있다는 입장을 끊임없이 설파하고 있다.

북중 양국의 핵개발 명분과 주장에는 다음과 같은 유사성이 있다. 첫째, 중국과 북한 모두 외세의 핵위협을 맞이하여 자국의 생존 보장을 위해 부득이 핵무기를 개발했다는 입장을 표출하고 있다. 위협에 처한 주권국가로서는 정당한 처사라는 뜻이며 핵개발의 원인을 타국 특히 미국의 제국주의적 행태로 돌리고 있다. "자신을 보호하는 것은 그 어떤 주권국가라도 빼앗을 수 없는 권리다 … (중략) … 날로 심화되는 미국의 핵위협에 당면하여 … (중략) … 중국이 핵무기를 개발한 것은 어쩔 수 없이 그리 된 것이다."로 시작되는 중국 정부의 핵실험 성공 당일 공식 성명

(1964.10.)에는 중국의 당시 시대에 대한 인식과 핵개발에 대한 입장이 드러나 있다.[11] 중국은 당시 미국의 핵카드로 인해 안보 위협을 느끼고 있었다. 1945년 미국이 주도한 맨해튼 프로젝트에 의해 인류 역사상 최초로 핵무기가 개발되고 핵무기가 일본에 실제 투하되면서 전 세계는 핵무기의 가공할 만한 실체를 목격했다. 중국도 마찬가지였다. 더욱이 중국은 1950년 6·25전쟁을 계기로 핵위협에 노출되었다. 전쟁 발발 다음해 미국은 핵폭탄을 탑재한 B-29기를 괌에 배치시켜 전쟁에 개입하지 말라는 경고를 중국에게 보냈다. 정전협상이 지지부진하게 진행될 때에도 아이젠하워 미 대통령 당선자가 핵카드를 꺼냈다. 1958년 제2차 금문도(金門島) 사태 때에는 미 공군이 중국에 대한 핵공격까지 추진코자 했다가 철회한 바 있다.[12] 이 같은 미국으로부터의 연이은 핵위협 외에도 중소분쟁, 6·25전쟁 후 양대 진영의 체제정비로 인한 냉전구조 공고화, 흐루시초프의 평화공존론(1956) 등 국제정세의 현격한 변화 속에서 중국은 자국의 안보를 위한 핵무기의 중요성을 일찍이 깨닫고 있었던 것으로 보인다.

 1955년 1월 마오쩌둥(毛澤東)은 국내에 원자력 사업을 개발하라고 지시했다. 1959년 소련이 '신국방기술협력협정'을 폐기하며, 중국의 원자력 개발에 대한 지원을 일방적으로 철회하자, 마오쩌둥은 "스스로 하자, 처음부터 하자, 그리고 8년 내 우리의 원자탄을 갖자!"라며 국방첨단기술 동원령을 내렸다.[13] 이후 중국은 최단기간 내 핵무기를 보유하기 위해 플루토늄탐 연구는 중단하고 우라늄탄 연구에 매진했다.[14] 마침내 1964년 10월 16일 20kt의 우라늄탄 실험에 성공하면서 중국은 핵보유국에 등극했을 뿐 아니라 NPT가 인정하는 마지막 정식 핵보유국의 위치까지 거머쥘 수 있었다.

 미국, 소련, 영국, 프랑스로 이어지는 핵개발 도미노를 누구보다도 강력하게 비난하던 중국은 자국의 핵무기 개발을 미국 탓으로 돌렸다. 핵실험 성공 당일 공표한 공식성명에는 "중국 정부는 일관되게 핵무기의 전면 금지 및 철저한 폐기를 주장했다. 만일 이 주장이 실현된다면, 중국은 애초에 핵무기를 개발할 필요가 없었다. 그러나 우리의 이 주장은 미 제국주의의 완고한 저항에 부딪혔다."라고 언급돼 있고 많은 편폭을 들여 미국을 집중 비난하고 있다. "미 제국주의 및 추종자들이 핵무기를 독점하면 할수록 핵전쟁의 위험도 더욱 커진다 … (중략) … 반대하는 자들이 가지게 된다면 핵무기 전면 금지 및 폐기 가능성도 커진다."고 역설함으로써 자국 핵무기 개발의 정당성을 강조했다.[15]

이 같은 자위적인 입장이 북한의 핵개발 명분에도 동일하게 나타난다. 북한이 과연 언제부터 핵개발을 전략적 시야에 두었는지는 명확하지 않지만, 공개된 동구 구공산권 자료에 따르면 북한은 건국 초기부터 핵보유에 대한 관심이 있었으며, 중국의 핵개발에 자극받았던 것으로 보인다. 북한은 1945년 미국이 인류 역사상 최초로 개발한 핵무기의 가공할 만한 위력을 일본의 투항을 통해 여실히 절감했다. 한국전쟁을 일으킨 김일성은 전쟁 수행 중인 12월 12일 조선로동당 중앙위원회 3차 회의 보고에서 "미국 강도들은 오늘날 조선에 있어서 자기들의 침략군이 파멸에 직면하게 되자 원자탄을 사용한다는 흉악한 위협을 들고 나오고 있다."고 언급했다.[16] 1951년에도 핵폭탄을 탑재한 미국의 B-29기가 괌에 배치되자 북한은 미국의 핵 위협을 비난하는 입장을 표명했다. 이후 정전협상을 진행하는 과정에서도 협상을 자신 측에 유리하게 이끌려는 미국 아이젠하워 대통령의 핵카드에 맞닥뜨린 바 있다.

마오쩌둥이 중국도 원자력 사업을 발전시키라는 지시를 내렸던 1955년, 북한도 김일성 종합대학에 핵물리학과를 신설함으로써 핵무기 개발에 필요한 학문적 이론 토대를 마련하였다. 다음해인 1956년 3월에 북한은 '조·소 원자력의 평화적 이용에 관한 협정'을 체결함으로써 소련으로부터 관련기술을 지원받을 수 있는 법적 근거를 마련했으며 매년 수십 명에 달하는 핵 관련 과학자들을 소련의 '드부나 핵 연구소'에 파견하여 소련의 선진기술을 전수받았다. 중소갈등이 심화되면서 소련이 중국과 맺었던 '신국방기술협력협정'을 1959년 일방적으로 파기하는 상황 속에서도 북한은 1960년대에 구소련으로부터 연구용 원자로기술을 도입함으로써 본격적인 핵연구를 시작할 수 있었다. 소련의 일방적 행태에 크게 자극받은 중국이 우라늄탄 연구에 매진함으로써 1964년 10월 결국 핵실험에 성공하며 핵보유국으로 등극하자 북한의 핵개발 의욕도 크게 자극 받았던 것이다. 북한은 중국의 문화대혁명 시기 중국의 홍위병이 김일성을 비판함으로써 북중관계가 경색되었을 때에도 핵연료 가공기술을 지속적으로 연구했던 것으로 알려진다.

중국과 마찬가지로 북한도 자신이 핵을 개발한 것은 핵을 보유한 타국의 안보위협에 직면하여 자국의 생존을 유지하려는 주권국가로서의 정당한 목적에 따라 이뤄진 것이며, 자국의 가장 큰 위협은 미국으로부터 온다는 입장을 공개적으로 드러내 왔다. "미국의 핵전략은 로골적인 핵수행전략이며 여기에서 중추를 이루고 있는 것은 '한정핵전쟁전력'과 '핵선제타격전략'이다 ⋯ (중략) ⋯ 미국 퇴역해군소장 라록크는 '조선반도의 유사시도 한정핵전쟁으로 발전할 가능성이 있다'고 하였다. 1977년 4월 당시 미 국방장관 브라운은 미국은 조선에서 핵전쟁비상계획을 짜놓았으며 이 비상계획에는 '전술핵무기의 사용계획'이 들어 있다고 하였다. 1983년 1월 당시의 미 륙군참모총장 메이어는 '조선반도에서 재래식 전쟁이 일어나도 전술핵무기를 사용할 방침'이라고 하였다. 그해 11월에 남조선에 왔던 미국대통령 레간도 '유사시' 조선반도에서 핵무기 사용을 배제하지 않을 것이라고 하였으며 미 국방성은 중성자탄이 조선에서 '효력이 있을 것'이라고 하였다. 미제가 작성한 '9일 전쟁계획'이요, '3일

전쟁계획'이요 하는 것은 우리에게 핵 '선제타격'을 가하기 위한 단기 속결전략이며 핵전쟁 계획이다."[17] "미제가 남조선에 핵무기를 반입배치하였다고 공식 발표한 지 벌써 35년이나 되었으며 그때로부터 지금까지 각종 핵무기를 1000여 개나 남조선에 끌어들였다 … (중략) … 미제는 남조선을 저들의 핵저장고, 핵전초기재로 완전히 전변시켰으며 임의의 시각에 핵전쟁을 일으킬 수 있는 만반의 준비를 갖춰놓았다."는 로동신문의 사설이 북한의 입장을 반영한다.[18]

양국은 또한 핵개발을 통해 외세의 간섭과 압박에서 벗어나 민족의 존엄을 수호할 수 있었다는 공통된 입장을 보이고 있다. 마오쩌둥, 저우언라이(周恩來) 등 당시 중국의 핵심 지도자들은 타국의 업신여김을 당하지 않기 위해 핵개발은 부득이했다는 입장을 공개적으로 수차례나 피력했다. "만일 1960년대 이후 중국이 원자폭탄, 수소폭탄을 개발하지 않았고, 위성을 발사하지 않았더라면 중국은 중요한 영향력을 가진 대국이라 칭해지지 못했을 것이고, 오늘날의 이러한 국제지위도 없었을 것이다. 이것들은 모두 한 민족의 능력을 반영하고 있으며, 한 민족, 한 국가가 왕성하게 발전한다는 것을 나타내는 징표이기도 하다."라는 덩샤오핑의 발언이 이를 나타낸다.[19] 북한의 경우도 마찬가지다. 로동신문 2011년 12월 28일자에는 "대국들의 틈에 끼여 파란 많던 이 땅을 영영 누구도 넘겨다보지 못하게, 약소민족의 한 많던 민족을 가슴을 당당히 펴고 세계를 굽어보며 사는 존엄 높은 인민으로 영원히 되게 하여준 우리의 핵과 위성"이라고 표기되어 있다. 이처럼 중국과 북한의 핵개발 명분은 상당히 유사하다.

## 03
## 영향력 한계에 직면한 중국의
## 새로운 대북 접근법?

상술한 이유들로 인하여 중국의 대북 영향력이 한계에 직면한 상황에서 시진핑 정부는 북한에 대해 새로운 접근법을 취하고 있는 것으로 보인다. 2009년 제2차 북핵실험이 이뤄지자 중국은 이에 대해 강한 반대의 입장을 표명하면서도 10월 수교 60주년 행사에 원자바오(溫家寶) 총리를 방북시켰다. 이를 계기로 북핵이슈와 북한문제를 분리하고, 북한에 대한 지경학적 접근을 강화하는 새로운 접근법을 시도하고 있다.

북중 간 훈춘, 나선 지역 공동개발, 황금평, 위화도 경제특구 개발 등이 그것이며, 3차 핵실험 이후 양자 관계는 표면상 상당히 경색되었음에도 불구하고 양국 간 교역액은 꾸준히 증가하고 있다. 중국은 여전히 북한에게 장기저리 방식의 원유를 공급하고 있으며, 식량 등의 인도적 지원도 지속하고 있다. 동북지역의 지방 정부들이 북한의 기술자, 경제학자 등을 중국에 초청하여 기술을 전수해 주고 인력 양성을 지원하기도 한다. 이는 중국이 북핵문제를 관리(management)하는 가운데 정치적 수단보다는 경제적 수단을 통해 대북관계에서 점차 주도권을 잡아나가겠다는 심산인 것이다. 중국은 북한의 김정은 체제가 여전히 불확실성과 불안정성을 가지고 있다고 판단하고 있다. 그리고 북한이 국제사회의 제재 및 남북 간 교착상태에 직면하여 여전히 중국의 경제적 원조를 필요로 한다는 점도 파악하고 있다. 따라서 설령 북핵문제가 더욱 심각해질지라도 북한과의 경협을 꾸준히 넓혀나감으로써 종국적으로 북한의 대중 의존도를 심화시켜 나가려는 것이다. 이는 끊임없이 핵카드를 통해 한반도의 위기를 조장하고 북중관계에서 주도권을 쥐려는 북한의 행태에 대응하는 중국의 새로운 대응전략이라 분석할 수 있다. 경제력을 바탕으로 상대를 서서히 길들이려는 중국의 오래된 관습적 행태이기도 하다. 북한은 중국에 대한 의존도 심화를 경계하지만, 경제성장을 통해 정권을 안정시켜야 하는 딜레마적 상황 속에서 중국과의 경협 및 중국의 투자를 거부하기 어렵다. 남북관계 또는 북미관계가 막혀 있는 상황 속에서 북한이 취할 수 있는 선택지는 그리 다양하지 않다. 북한은 핵·경제 병진노선을 취함으로써 외부로부터의 자주성 침해를 방지하고 국력을 강화시키려 하지만, 도리어 핵에 집착함으로써 외부의 대북 경제 제재를 지속시키고 있기 때문이다. 따라서 중국의 새로운 접근법 즉 지경학적 접근에 대해 북한은 취약성을 노정하고 있다. 미중관계의 향후 전개상황, 한국 정부의 대북 접근태도의 변화 여부 등의 변수들이 있는 상황에서 쉽게 단언하기는 어렵지만 장기적으로 본다면 시간은 북한보다는 중국 편에 더 가까이 서 있는 듯하다.

---

1 이 글은 『성균차이나브리프』 2015년 1월호에 실린 저자의 "북중관계의 새로운 변화와 동맹의 딜레마," 2012년 『국가전략』 제18권 2호에 실린 저자의 "중국의 '도덕정치문화'와 외교: 핵 인식과 정책을 중심으로"의 내용을 일부 포함하고 있다.
2 박홍서, "중국은 왜 북한을 포기하지 못하는가" 오마이뉴스 2013년 8월 1일자; 이와 같은 논리로 북중 동맹 안보딜레마를 분석한 글로는 박홍서, "북핵위기시 중국의 대북 동맹안보 딜레마 관리 연구: 대미관계 변화를 주요 동인으로," 『국제정치논총』, 제46집 1호, 2006.4, pp.103-122 참조.
3 Glenn H. Snyder, "The Security Dilemma in Alliance Politics," *World Politics*, Vol. 36, No.4 (July 1984), pp.466-468; Glenn H. Snyder, "Alliance Theory: a Neorealist First Cut," *Journal of International Affairs*, Vol.44, No.1 (Spring 1990), p.113.
4 "提問羅援: 如果朝鮮繼續發展核武器, 中國如何沮止?"『東北亞觀察』 2015년 6월 27일.
5 중국은 2007년 10월 11일 "한반도 정전협정의 전환: 삼자인가 아니면 사자인가(替換朝鮮半島停戰協定: 三方還是四方)"라는 주제로 세계지식포럼(世界知識論壇)을 개최하였으며 다수의 참석자들은 삼자건 사자건 반드시 중국이 참여해야 한다는 입장을 개진하였다.
6 胡錦濤, "堅定不移沿着中國特色社會主義道路前進爲全面建成小康社會而奮斗: 在中國共産党

第十八次全國代表大會上的報告" 2012年 11月 8日, 新華網 2012년 11월 19일자. http://www.xj.xinhuanet.com/2012-11/19/c_113722546.htm (검색일: 2014년 9월 19일).

7 시진핑 주석이 2012년 11월 15일부터 2013년 11월 2일까지 중국의 꿈에 관하여 人民日報, 求是 등 간행물에 실은 글, 서신 등 주요문헌들을 엮어 만든 『摘編』의 내용을 보려면 "習近平關於實現中華民族偉大復興的中國夢論述," 共産黨新聞網, 2013년 12월 5일자 참조. http://theory.people.com.cn/n/2013/1205/c40555-23756883.html (검색일: 2014년 1월 5일).

8 金燦榮·劉宣佑·黃達, "美國亞太再平衡戰略: 對中美關係的影響," 『東北亞論壇』, 2013年 第5期. pp. 3-12; 王鳳嬌, "美國戰略重心東移的軍事步驟及中國的應對策略建議," 『東南亞縱橫』, 2013年 第5期.

9 북한의 김일성이 1991년 구술을 시작해 1998년 6월까지 총 8권을 출간한 회고록 『세기와 더불어』의 내용을 보면 북한이 같은 사회주의 국가인 중국이나 러시아와는 구별되는 자신만의 주체성 혹은 창조성을 중시해 왔음을 알 수 있다. 황일도, 『핵, 장사정포, NLL을 통해 들여다 보는 북한 군사전략의 DNA』 (서울: 플래닛 미디어, 2013년), p.41.

10 최명해, "중국의 대북정책: 변화와 지속," JPI정책포럼, pp. 2-3.
11 "中國政府關於第一顆原子彈爆炸的聲明," 人民日報 1964年 10月 17日.
12 胡禮忠, "中國的核試驗與中美核關係: 中美學術界的相關研究述評," 『歷史教學問題』 2008年 第3期.
13 編輯部, "中國核武器: 一生的事業," 『中國核工業』 2011年 第2期.
14 劉西堯, "我國 '兩彈' 硏制決策過程追憶," 『武漢文史資料』 2011年 第2期.
15 "中國政府關於第一顆原子彈爆炸的聲明," 人民日報 1964年 10月 17日.
16 이는 북한이 미국의 핵사용 가능성에 대해 처음으로 우려를 표시한 것이다. 유성옥, 「北韓의 核政策 動學에 관한 理論的 考察」 (서울: 고려대학교 대학원, 1996년), pp. 157-158.
17 로동신문, 1993년 3월 15일자.
18 로동신문, 1993년 3월 1일자.
19 "中國政府關於第一顆原子彈爆炸的聲明," 人民日報 1964年 10月 17日.

## 04. 중국은 북핵문제 해결을 위해 어떠한 역할을 해 왔는가?[1]

김애경(명지전문대 교수)

1993~1994년 제1차 북핵위기 발발 이후 이미 20여 년이 지났다. 제1차 북핵위기 발발에서부터, 2002~2003년 제2차 북핵위기 발발, 3차례 핵실험이 진행되는 과정에서 중국의 역할은 확실히 변화하였다. 미국을 비롯한 국제사회에서는 중국의 역할의 실재적 효과에 대해 지속적으로 문제를 제기하고 있지만, 중국의 역할변화에 대해 부인할 수는 없다.

이 글의 첫 번째 질문은 그렇다면 중국의 역할은 구체적으로 어떻게 변화했는가이다. 그리고 그러한 변화가 왜 발생했는가가 두 번째 질문이다. 중국을 포함하여 관련국들이 북핵문제를 해결하기 위한 일련의 정책과 행태는 당연히 그 국가의 이익을 반영한다. 북핵문제 해결을 위한 과정에서 중국의 역할변화 역시 중국의 변화된 이익이 반영되었다. 이익을 규정하는 요인에 대한 논의들은 다양하다. 중국 역시 제1차 북핵위기가 발발했을 때와 2차 북핵위기가 발발했을 때, 최근의 정책과 행태가 상이한 것은 중국의 국가이익이 달라졌기 때문일 것이다. 핵문제 해결을 위한 중국의 대북정책 변화 여부는 항상 우리의 관심사였다. 따라서 이 글은 중국의 구체적인 역할 변화가 어떻게 이뤄졌는지, 그리고 중국의 국가이익에 어떤 영향을 주고, 더 나아가 중국이 북핵문제 해결과정에서 행한 역할에 영향을 주는 요인은 무엇인지를 고찰하고자 한다.

# 01

## 중국의 역할은 어떻게 변해 왔는가?

### 1차 북핵위기 그리고 중국의 소극적 대응

1993~1994년 제1차 북핵위기가 발발하였다. 1989년 9월 프랑스의 상업위성이 촬영한 영변 핵시설 사진이 공개되고, 이후 IAEA 이사회에서 북한에 '특별사찰'을 요구하였지만, 북한은 핵과 무관한 군사시설이라는 이유로 사찰을 거부하였으며, 1993년 3월 12일 북한이 NPT 탈퇴 선언으로 대응함으로써 제1차 북핵위기가 발생하였다. 이후 UN 안보리는 북한에 대한 NPT 탈퇴 재고와 핵안전조치협정 이행을 촉구하는 결의안을 채택하였고, 북·미 양국은 몇 차례 회담을 개최하였고 그해 6월 북한이 NPT 탈퇴 유보성명을 발표하였다.[2] 이에 따라 북한은 IAEA의 핵사찰을 받았지만, 북한의 소극적 태도에 IAEA 이사회는 북한 핵문제를 '중요하고 긴급한 문제'로 규정, "경과성 결의안"을 채택하였다.[3] 이에 북한은 IAEA와 협상하지 않을 것임을 천명하였고 미국과 직접 협상하는 길이 핵문제를 해결하는 유일한 길임을 주장하였다. 결국 제1차 북핵위

기는 난항을 거듭하였고, 줄다리기를 하던 북·미 간 협상게임은 양국이 1994년 10월 21일 제네바에서 "미·북 기본합의문"(Agreed Framework between USA and DPRK)에 서명함으로써 일단락 짓게 되었다.

이 과정에서 미국과 한국은 북핵문제 해결을 위해 중국 정부에 협조를 요청하였지만 중국은 방관자적 태도로 일관하였다. 북·미 양국이 제네바 합의문에 서명하기까지 IAEA와 유엔 안보리에서도 여러 차례 논의를 하였으나, 중국은 원칙적 입장만을 표명하면서 매우 소극적이고 미온한 자세로 일관하며 북한에 대한 어떠한 압력행사뿐 아니라 국제사회의 노력에 대해서도 반대의사로 대응하였다. 예를 들면, 위에서 언급한 IAEA 이사회가 북한 핵문제를 '중요하고 긴급한 문제'로 규정, "경과성 결의안"을 채택하였을 때 중국은 기권표를 행사하였다. 또 한승주 전 외무장관은 첸치천(錢其琛) 중국 전 외교부장에게 북한이 IAEA와 협의하고 남북대화에 적극적으로 나서도록 중국 측이 설득해 달라고 협조를 당부했지만 그는 "남북대화가 실질적 진전이 없는 것은 남북 간 신뢰문제 등 기술적 문제 때문인 것 같다.", "중국 정부는 남북한이 대화를 통해 평화적으로 해결하길 바란다."는 원칙적 입장만을 제시할 뿐이었다.[4]

게다가 중국은 북핵문제 해결을 위한 기타 국가들의 경제 제재에 대해서도 강력하게 반대의사를 표명하였다.[5] 중국은 나름대로의 방식으로 역할을 발휘하고 있다고 주장하였지만, 중국이 직접 나서서 대화를 중재시키거나 문제 해결에 대한 적극성을 보이지는 않았다. 중국은 또 1993년 4월과 5월 안보리의장성명과 결의안을 바탕으로 1994년 3월 그보다 강력한 결의안을 채택하고자 하는 미국의 입장에 대해 오히려 강력하게 반대하고, 구속력과 영향력이 없는 의장성명을 지지함으로써 북한에 대해 간접적인 지지를 표명한 것이다.[6]

북·미 간 제네바합의를 통해 일단락되었던 북한 핵문제는 2002년 10

월 17일 미국의 방북 특사 켈리에 의해 북한의 '핵개발 계획 시인'이 발표된 후 다시 위기상황에 직면하게 되었다. 북한과 미국은 선 핵포기냐, 선 불가침조약이냐를 놓고 팽팽하게 맞서고 있었고, 양자 간 회합이냐, 다자 간 회합이냐에 대한 회담의 형식에 대해서도 서로 양보하지 않았다. 이러한 상황에서 한반도 에너지개발기구(KEDO)는 2002년 12월부터 중유공급을 중단키로 결정하였으며, 북한은 2002년 12월 '핵동결 해제'를 선언하였고, IAEA에 폐연료봉의 봉인과 감시카메라 제거를 요구하였고, IAEA 사찰요원들을 강제 추방시켰다. 2003년 1월 6일 IAEA 특별이사회는 북한의 원전시설 봉인 및 감시 장비의 원상회복과 사찰단 복귀 등 필요한 안전조치의 이행을 촉구하는 결의문을 만장일치로 채택하였고, 1월 10일 북한은 NPT 탈퇴 선언으로 대응함으로써 상황은 제2차 북핵위기로 치달았다.

## 2차 북핵위기 이후 중국의 적극적 대응

장쩌민 전 주석은 북한이 NPT 탈퇴를 선언한 당일, 부시(George W. Bush) 전 대통령과의 전화 통화에서 중국은 북한의 NPT 탈퇴에 반대하며 관계당국들과 북핵문제의 조속한 해결을 위해 공동으로 노력할 것을 표명하였다. 2003년 1월 11일 중국 외교부 대변인은 기자회견을 통해 NPT 조약의 핵무기 확산방지 및 국제적 평화와 안전유지의 기능을 높이 평가하였고, 북한이 이 조약의 '보편성'을 인정하도록 촉구하였다.[7] 탕자쉬안(唐家璇) 전 외교부장 역시 1월 20일 미 파월(Colin Luther Powell) 장관과의 뉴욕회동에서 북핵문제 해결은 기본적으로 북·미 간 대화를 통해 풀어나가야 한다는 단서를 달았지만, 어떤 선택방안도 배제하지 않는다는 입장을 표명함으로써 북핵문제 해결을 위한 여러 가능성을 고려하고 있음을 보여주었다. 또한 2월 12일 중국은 IAEA의 북한문제에 대한 안보리 회부표결에서 찬성표를 던져 기권표를 행사했던 1차 북핵위기 때와 대별되는 태도를 보여주었다. 뿐만 아니라 북·미 간에 회담형식에 대한 협의를 이루지 못하고 있을 때 중국은 3자회담이라는 절충안을 제시하였고, 북한 역시 중국의 제안을 수용함으로써 문제해결을 위한 물꼬를 트는 역할을 하였다.

중국은 또 3자회담 이후 후속회담 개최를 위한 셔틀외교를 진행시켜 6차례 6자회담을 성사시키기 위해 북핵문제를 논의하기 위한 장을 마련하는 데 적극적인 역할을 하였다. 1차 북핵위기 때와는 다르게 2차 북핵문제에 임하는 중국의 태도는 관료의 발언을 통해서도 확인할 수 있다. 예컨대, 3차 6자회담 하루 전날 기자회견에서 왕이(王毅) 당시 외교부 부부장은 "삼척 두께의 얼음은 하루의 추위로 언 것이 아니다(冰凍三尺, 非一日之寒)."는 속담을 통해 북핵문제가 해결하기 어렵다는 점을 강조하였지만, "확고부동한 목표를 세워, 성과를 공고히 하며, 적극적으로 중재하여 착실히 추진한다(堅定目標, 鞏固成果, 積極斡旋, 穩步推進)."라는 16자 방침을 발표함으로써, 북핵위기 해결에 대한 중국의 강한 의지를 표명하였다.[8]

물론 회담의 성과에 대한 평가는 상이하지만, 중국은 회담의 모멘텀을 유지하고자 노력하였고 관련 국가들 간의 의견 조율 등 북핵문제 해결을 위한 역할 수행을 자처했다. 2003년 4월 제1차 6자회담을 시작으로 2007년까지 6차 회담까지 개최하였고, 그 과정에서 가시적인 성과는 2005년 9월 19일 제4차 2단계 회담에서 합의된 9·19 공동성명과 2007년 제5차 3단계 회담에서 발표한 2·13합의가 가장 크다고 할 수 있다.

하지만 북한이 3차례 핵실험을 진행하면서 현재 6자회담은 답보상태이다. 6자회담의 성과에 대한 관련국들의 기대도 크지 않은 편이다. 그럼에도 불구하고 중국은 북핵문제를 언급할 때마다 6자회담의 조속한 재개를 촉구하고 있다. 이는 중국이 북핵문제를 비롯한 동북아 평화협력기제에 대한 이니셔티브(initiative)를 쥐고 싶어하는 의지로 해석할 수 있다. 6자회담 참가국이 합의한 9·19 공동성명이 발표된 이듬해인 2006년 10월 9일 북한은 제1차 핵실험을 실시하였다. 이에 중국 외교부는 북한에 대해 "제멋대로(悍然)"라는 표현이 담긴 강한 비판성명을 발표하였다. 뿐만 아니라 유엔 안보리의 대북제재 결의안 1718호에 찬성표를 던지며 북한의 도발행위에 대해 중국은 이전과는 달리 북한에 회유와 압박을 동시에 가함으로써 보다 적극적인 모습을 나타냈다.

중국이 단독으로 혹은 미국을 포함한 국제사회와의 협력을 통해 북한을 압박한 사례들이 있다. 예컨대 제1차 핵실험 이전 북한이 2006년 7월 대포동 2호 미사일 실험발사를 강행했을 때에도 중국은 후이량위(回良玉) 부총리와 우다웨이(武大偉) 외교부 부부장을 북한에 보내 문제해결을 위한 조치들을 취하도록 촉구했으나 별다른 성과를 거두지 못했고,[9] 이에 중국은 유엔의 안보리 결의안 1695호 채택에 찬성표를 던졌다. 9월에는 북한의 미사일 실험발사에 대해 제재하고 북한을 6자회담에 복귀시키기 위해 북한에 대한 석유수출을 일시 중단하였다.[10] 또 중국은 2005년 미 재무부가 중심이 되어 추진했던 북한에 대한 방코델타아시아(BDA) 금융제재에도 참여하여, 2007년에 자금인출을 희망한 북한이 중국의 도움을 요청하였으나 거절하였다.[11] 이렇게 중국은 북핵문제 해결을 위해 북한에 대해 나름의 방식으로 압박하였다. 이러한 중국의 회유와 압박에 대해, 당시 중국은 북한의 정상국가화를 촉구하여 범동북아시아 다자안보체제를 추진함으로써 북핵문제를 해결하고자 했다는 평가도 있다.[12]

중국의 이러한 회유와 압박과 함께 적극적인 중재가 북핵문제 해결 과정에서 결정적인 역할이라고 평가하기는 어렵지만, 일정 정도 공헌했다고 할 수 있다. 중국과 국제사회의 압박으로 북한은 6자회담에 복귀하였고, 제5차 6자회담에서는 9·19 공동성명 이행을 위한 2·13합의조치를, 제6차 6자회담 2단계 회의에서는 9·19 공동성명 이행을 위한 2단계 조치에 합의하였다. 그러나 핵검증과 관련해서 북·미 간 합의를 이루지 못하자 중국은 2008년 1월 왕쟈루이(王家瑞) 당 대외연락부장을, 4월에는 양제츠(楊潔篪) 외교부장을 북한에 보내 적극적인 중재역할을 수행하였다. 이후 북한은 영변 원자로 냉각탑을 폭파하였고(2008년 6월) 북·미 양자 간 회동을 통해 핵 불능화와 에너지 지원완료 및 검증원칙 등을 담고 있는 7·12합의(2008년)를 도출하면서 북핵문제 해결에 큰 진전을 보이는 듯했다.

그러나 북핵문제와 관련하여 실질적인 불능화 검증을 위한 사항에는 합의하지 못했고, 북한은 2009년 4월 광명성 2호를 발사하였고 5월에는 제2차 핵실험을 거행하였다. 결국 중국은 1차 핵실험 이후 채택된 결의안(1695)보다 강화된 유엔 결의안 1781호와 1874호에 찬성표를 던져 북한의 핵실험에 대해서는 반대의 입장을 표명했으나, 한반도의 긴장고조를 초래할 수 있어 북한문제와 북핵문제를 구분하여 대응하기 시작했다. 2차 핵실험 이후 중국의 반응은 1차 핵실험 때와 비교하여 대북 압박이 상대적으로 약화되었다고 평가할 수 있다. 그리고 북한의 3차 핵실험 이전까지 북·중 양국은 신밀월기를 맞이하였다고 할 만큼 협력을 강화시켜 나갔다. 예를 들면, 저우융캉(周永康) 중국공산당 정치국 상무위원이 2010년 10월 북한을 방문하였고, 중국의 언론에서도 "중·북관계가 다시 새로운 절정기에 이르고 있다."고 평가하였다.[13] 2010년과 2011년 2년간 김정일은 4차례(2010년 5월과 8월, 2011년 5월과 8월)나 중국을 방문하였고, 북·중 양국의 노동당과 공산당 간 전략대화가 개최되었으며 신압록강 대교 건설(2010년 12월) 및 위화도·황금평 개발, 훈춘-나선 도로 확장공사(2011년 6월)를 착공하였다. 2012년에는 양국이 경협확대를 위한

'정부인도(政府引導), 기업위주(企業爲主), 시장운영(市場運作), 호혜공영(互利共贏)'의 4대원칙에 합의하며 경제 분야의 협력강화를 약속했다.[14]

그러나 2012년 10월, 12월과 2013년 2월 북한은 또다시 장거리미사일 발사와 3차 핵실험을 실시하였다. 이 시기는 시진핑 정권이 출범과정에 있었기에 중국은 북한의 이러한 행태에 매우 당황스러워했다. 중국은 다시 북한에 대해 중재와 압박의 강도를 높이고 있다. 2012년 10월과 12월에 북한이 장거리미사일 실험발사 이후 중국은 유엔 안보리에서 북한과 북한의 위성발사로 화가 난 국가들 사이에서 중재에 나섰다. 중국은 2013년 1월 안보리 결의안 2087호에 찬성표를 던졌으나 북한에 가혹한 제재를 부과하지 못하도록 했다. 대신에 이번 결의는 북한의 행동을 강력하게 규탄하고 이전 결의안 1718호와 1874호를 준수할 것을 촉구하는 내용을 담고 있었다.[15]

2013년 2월 제3차 핵실험 이후 양제츠 중국 외교부장은 지재룡 주중 북한대사를 초치하여 강하게 비판하였는데, 중국과 북한의 관례상 주중 북한대사를 초치하는 일도 처음이었다. 뿐만 아니라 중국은 대북제재 강화조치를 담고 있는 유엔 안보리 결의안 2094호 채택에 찬성하였고, 중국 외교부가 각 부서에 이의 철저한 이행을 지시하는 통지문을 하달하였으며, 5월 중국은행은 북한 대외무역은행에 대해 계좌폐쇄를 통지하였고 이 은행 계좌의 자금대체 업무를 중지하겠다고 발표하였다.[16] 6월에는 한국 외교부 장관을 만난 중국의 탕자쉬안 전 외교담당 국무위원이 북핵문제 3원칙 중 비핵화를 가장 먼저 발언했던 일은 한반도 비핵화에 대한 중국의 의지를 표명한 좋은 사례이다.[17] 중국 상무부는 9월 대북 수출 금지 목록을 발표하였는데, 목록에 해관총서, 공업정보화부, 국제원자력기구와 군사적 목적으로 사용될 수 있는 핵무기 및 화학무기 등 군민 양용기술 수십 건을 포함시키는 등 북한을 강하게 압박하는 조치를 취했다.[18]

중국의 전문가와 언론들도 거침없이 강하게 북한에 대한 불만을 표시했다. 예를 들어 중국이 북·중 우호관계를 소중히 여긴다면 북한도 이를 소중하게 생각해야 한다며 북한에 대해 서운함을 드러내거나, 북한의 핵무기가 의외의 상황에서 중국을 겨냥할 수도 있다는 우려를 표시하고 있거나, 북한 핵문제는 전략적으로 중국을 진퇴양난의 상황에 처하게 한다고 비난하였다.[19] 이는 중국이 그만큼 북한의 3차 핵실험에 강한 불만을 품고 있다는 의미이며, 북한의 변화를 유도하기 위한 압박의 조치라고 여겨진다.[20] 중국 외교부 대변인 화춘잉(華春瑩)이 정례 브리핑에서 "중국과 북한은 정상적 국가관계"라고 표명한 점은 북한에 대한 모종의 메시지를 보내기 위한 것이라고 판단된다.[21]

## 02

## 중국의 역할은 왜 변화하는가?

"국가이익(national interest)"은 국가 간 상호작용에서 국가의 행동을 정당화한다. 즉 국제사회에서 국가가 어떻게 행동해야 하는지를 제시해 주는 근거 또는 원칙이라 할 수 있다. 때문에 국제관계 또는 국가의 행위를 설명하는 이론의 틀이 되는 모든 패러다임(paradigm)에서 국가이익은 중요하게 다뤄진다. 그러나 개별국가가 추구하는 국가이익이 선험적으로 주어지는 것인지, 모든 국가가 동일한 이익을 추구하는지, 따라서 그 국가이익은 영원불변하는지에 대해서는 다소 견해 차이를 보이고 있다.

구성주의적 관점에서 보면 무정부적 국제체제가 일방적으로 개별국가의 이익과 정체성 및 행위에 영향을 준다기보다 개별국가 간의 상호작용을 통해 국제체제가 구성될 수 있다. 개별국가와 국제체제도 상호 영향을 주고받으며 구성된다. 결국 동일한 물질적 상황, 즉 무정부적 국제체제에 대해 개별국가의 해석과 의미부여는 다를 수 있다. 따라서 한 국가의 정체성과 이익은 선험적으로 주어지고 보편적 정의에 합치되는 단일한 현상으로 존재하는 것이 아니라 사회적 맥락에 따라 상이하게 나타날 수 있다.[22]

## 북핵문제에 관한 중국의 정체성과 국익의 변화

위에서 언급하였듯이 중국은 북핵문제 해결을 위한 논의과정에서 다양한 역할을 수행하였는데, 이 다양한 역할에는 북한과 지역에 대한 다양한 이해관계, 즉 국가이익이 반영되었다. 북핵문제와 관련하여 중국의 공식입장은 모두 '한반도의 비핵화 실현'과 북핵위기의 '평화적 해결' 및 '북한 체제의 보장'이다. 그러나 북핵문제가 대두되고 그 해결을 위한 논의과정에서 중국이 취한 실제 행위와 역할은 확연하게 대비된다. "중국의 국가이익은 변화하였고 최근 10년 동안의 변화는 비교적 크다는 사실은 모두가 다 알고 있다."는 중국의 한 전문가의 매우 단정적인 주장도 중국의 국가이익이 시기별로 다르게 구성되고 표출되어서 북핵문제를 대하는 중국의 역할이 달라졌다는 이 글의 주장을 지지해 준다.[23]

물론 북핵문제에 대한 중국의 역할변화를 야기하는 원인은 다양하다. 예를 들면 북핵문제가 주는 위협수위의 변화, 지도부의 교체 및 미국의 대중국 압력 증대 등등이 동시에 작용하였다고 할 수 있다. 그러나 보다 궁극적으로 중국이 변화된 자국의 이익에 대해 인식하였으며, 이는 이익의 변화에 영향을 주는 정체성이 변화되었기 때문이다. 즉 중국의 변화된 정체성은 국제질서의 안정적 유지에 책임감을 느끼는 대국으로서 북한 핵문제 해결을 위해 핵무기 확산방지 규범의 보편성을 강조하는 중재역할 행위를 유도해 낸 것이다. 즉 중국은 NPT 규범의 보편성을 주장하며, 규범준수를 통한 국제질서의 안정적 유지를 강조함으로써 '책임감 있는 대국'의 면모를 체현해 내고 있다.

제1차 북핵위기가 발발했을 때 중국은 이미 NPT 가입한 핵보유국이었고 동시에 유엔 안전보장이사회 상임이사국으로서 국제사회의 안정과 평화 수호를 위해 북한 핵문제 해결에 적극적인 역할을 수행해야 할 이해관계가 존재했음에도 불구하고, 위에서 살핀 것처럼 매우 소극적으로 대처하였다. 이는 중국이 1990년대 초 자신의 정체성에 대한 편향을 '제3세계 국가 즉 개발도상국'으로 인식하였고, 이러한 정체성 인식은 내정불간섭 원칙의 견지, 국가 간 평등의 원칙을 준수하는 국제질서 구축이라는 이익 형성에 영향을 주었다. 따라서 약소국인 북한이 자국의 안위를 위해 개발하는 핵무기에 대해 관여하는 것은 내정간섭이며, 북한의 핵개발은 미국의 안보위협에 대한 대응이라고 판단했기 때문에 당사자 간 해결원칙을 내세우면서 매우 소극적으로 방관자적 역할을 취했던 것이다. 즉 북핵 문제에 있어 국제사회의 규범준수를 강조하는 미국 편향 정책을 취하기보다는 여전히 절대적 주권원칙을 더 강조하는 북한 편향적 정책을 취했던 것이다.

1990년대 중·후반 중국은 자국의 정체성을 "책임감 있는 대국(負責任的大國)"으로 재인식하기 시작했다. 중국 경제가 순조롭게 발전하는 과정에서 동아시아 금융위기를 겪게 되었는데, 중국이 위안화(人民幣) 가치를 절하하지 않았으며 동남아 국가에 40억 불을 원조해 줌으로써 이 지역 국가들이 금융위기를 극복하는 데 직·간접적으로 도움을 주었던 것이 계기가 되어 지역의 안정을 도모하는 지도자적 역할을 수행했다고 평가받기 시작했으며,[24] 중국도 공식입장을 표명하는 다양한 기회에 자국의 정체성을 "책임감 있는 대국"으로 규정하였다. 예를 들어 1999년 12월 중국외교부 대변인은 중국은 "일 년 동안 평화적이고 협력적으로 책임감 있는 대국의 역할을 하였다."고 평가하였고, 2000년 7월 중국 대외경제무역협력부 부장 스광성(石廣生)은 중국의 세계무역기구(WTO) 가입과 경제 세계화 참여에 대해 "중국은 책임감 있는 대국으로서 WTO의 규칙을 엄수할 것이며, 우리가 한 약속을 철처히 이행할 것"임을 강조하였고, 같은 해 외교부 부장이었던 탕자쉬안은 "금년에 중국은 다자외교 활동에 있어 전대미문의 활기를 띰으로써 책임감 있는 대국이라는 이미지를 보여주었다."고 평가하였다.[25]

1990년대 중·후반 재인식한 "책임감 있는 대국"의 정체성은 2002~2003년 발발한 2차 북핵위기 시 중국의 이익 규정에 영향을 주어 보다 적극적인 중재자 역할을 수행하도록 하였다. 즉 중국은 지역대국으로서 책임감을 가지고 북·미 간에 회담형식에 대한 협의를 이루지 못하고 있을 때 중국은 3자회담이라는 절충안을 제시하였고 문제해결을 위한 물꼬를 트는 역할을 하였다. 중국은 또 3자회담 이후 후속회담 개최를 위한 셔틀외교를 진행시켜 6자회담을 성사시키기 위해 실제적 노력을 기울였다.[26] 물론 회담의 성과에 대해서는 서로 다른 평가가 존재하지만, 중국은 회담의 모멘텀 유지와 관련 국가들 간의 의견 조율 등 북핵문제 해결을 위해 적극적인 중재자 역할 수행을 자처하였다.

2009년 미국발 글로벌 금융위기로 인해 중국의 국제적 위상은 상대적으로 향상되었으며 중국은 경제규모 세계 제2위국인 'G2' 국가가 되었다. 이에 따라 중국의 "책임감 있는 대국"의 정체성은 강화되었다. 즉 기존의 "책임감 있는 대국"의 정체성이 미국이 주도하는 질서 내에서 규범을 준수하며 질서를 평화적으로 유지하는 것이라면, 2009년 이후의 "책임감 있는 대국" 정체성은 지역질서를 평화적으로 유지하면서 중국의 향상된 위상만큼의 발언권과 영향력을 확대하는 것으로 그 함의가 재구성되었다고 볼 수 있다.

학계를 중심으로 국제적 위상에 걸맞게 현 시스템에서 중국은 발언권 확대를 도모해야 한다는 견해를 살펴보면 중국의 정체성의 함의 변화를 감지할 수 있다. 중국은 기존의 국제질서가 미국이 독점하는 구도였고, 미국이 제대로 관리·감독하지 못하고 있기에 국제질서 재구축 과정에서 다양한 주체들이 공동책임의 형태를 구성해야 하고 그 속에서 자신도 일정 정도의 발언권을 가져야 한다고 주장한다. 물론 이 과정에서 중국이 제도와 규범에 대해 지배적인 영향력을 가질 수 있는 상황에 이르기까지는 여전히 상당한 시간이 필요하다는 것도 인식하고 있다.[27]

실제로도 중국은 점진적인 방법으로 발언권 확대를 도모하고 있다. 글로벌 금융위기 이후 지역 차원에서 경제주도권 다지기와 IMF에서의 중국 쿼터 늘리기는 좋은 예이다. 부분적이기는 하지만 지역 차원에서 중국의 인민폐 국제화 시도, 주변 국가와 통화스와프협정 체결, 공동 통화 또는 통화조직 창설을 도모하면서 지지기반을 확대시키고 있다. 이와 같은 중국의 실제 행태는 중국이 아시아 지역을 강대국이 되기 위한 발판으로 간주해야 한다는 시각과 일치한다. 또, IMF에서 중국은 미국의 거부권을 제한할 만큼의 개혁방안을 도출해 내지는 못했지만 IMF 출자금액을 증대시키고 자국의 쿼터를 늘리면서 의결권 조정에 합의를 도출시켰다. 중국의 발언권 확대와 관련하여 다양한 방법론이 제시되고 있다. 예를 들어 국제화폐시스템 개혁에 대해 보다 적극적으로 참여하는 방법, 소프트파워 증강을 위한 문화산업 육성 방안, 중국의 부상을 잘 설명해 줄 수 있는 국제관계 이론체계 수립 방안 및 국제사회에 공공재 제공을 고려하는 방

법 등등이 제기되고 있다.[28]

　이처럼 'G2' 국가로서의 정체성은 발언권(話語權) 강화와 영향력 확대, 지역질서 재구성이라는 이익에 영향을 주었고, 이는 다시 북핵에 대한 중국의 접근법에 영향을 주었다. 따라서 제3차 북핵실험 이후 중국의 대북정책은 이전과 상당한 차이를 보이고 있다. 물론 북한체제를 안정시키기 위한 경제협력과 6자회담을 통한 비핵화 실현은 변함없이 지속되는 중국의 정책이다. 그러나 북한 핵무기 보유가 기정사실이 된다면 동북아 더 나아가 아시아 지역의 불안정을 초래할 수 있기에, 경제력을 바탕으로 중국의 영향력이 강화된 지역질서 재구성에 어려움이 있을 수 있다. 때문에 북한의 3차 핵실험 이후 중국의 대응은 이전보다 압박을 강화시켰다고 할 수 있다. 압박을 강화시킴으로써 북핵을 용인할 수 없다는 중국의 의지를 확고하게 전달하고 있는 것으로 판단된다.

　북한이 3차례 핵실험을 시행하면서 6자회담을 지속시키는 동력을 잃었지만, 중국은 여전히 6자회담 재개를 주장한다. 이는 북핵문제 해결에 있어 이니셔티브를 쥐기 위한 중국의 의지로 볼 수 있으며, 동북아 지역의 평화기제로 확대할 수 있을 가능성도 염두에 두고 있는 것으로 판단된다. 그동안 중국의 '북한 끌어안기' 행위는 북핵 해결을 위해 중국이 압박을 가하지 않는다는 비판을 받아 왔다. 즉 강대국으로 부상한 중국이 국제무대에서 차지하는 위상과 영향력을 고려하여 '국제적 책임과 의무'를 강조하고 있는 상황에서 더 이상 북한 편향의 대북정책을 고수하기는 어려워졌다.[29] 중국이 지역에서의 위상이 강화되었기에 향후 보다 더 적극적으로 책임대국의 역할을 수행할 것으로 기대된다.

1 이 글은 김애경(2004), "중국의 대외정체성 인식변화: 제1,2차 북핵위기에 대한 중국의 역할 변화 분석을 사례로"(국가전략)의 내용을 대폭 수정·보완함.
2 당시 채택된 결의안은 강제적 사찰이나 경제제재, 대북지원 중단 등이 생략된 비교적 온건한 내용이었으며, 중국은 파키스탄과 함께 기권표를 행사하였다. Samuel S., Kim, "The Dialectics of China's North Korea Policy in a Changing Post-Cold War World," *Asian Perspective*, No. 18, Vol. 2(1994), p. 27; 박진, 『북핵레포트』(서울: 한국경제신문, 2003), pp. 143-146.
3 1993년 9월 28일 IAEA 총회에서 북한 핵문제를 특별의제로 채택하였으나 중국은 기권표를 행사하였다. 연합뉴스, http://www3.yonhapnews.co.kr/cgi-bin/naver/getnews?0119 93092800300+19930928+0923(검색일: 2004년 2월 5일).
4 연합뉴스, 2004년 2월 5일.
5 연합뉴스, 1994년 6월 8일; 1994년 6월 9일.
6 연합뉴스, 1994년 3월 28일; 1994년 6월 16일; Samuel S., Kim, "The Dialectics of China's North Korea Policy in a Changing Post-Cold War World," *Asian Perspective*, No. 18, Vol. 2(1994), p. 27.
7 中國 外交部 사이트, http://www.fmprc.gov.cn/cn/40408.html(검색일자: 2003년 1월 11일); http://www.fmprc.gov/cn/40394.html(검색일자: 2003년 1월 11일).
8 中國 外交部 사이트, http://www.fmprc.gov.cn/chn/ziliao/wzzt/cxbdhwt/t140311.htm (검색일자: 2004년 7월 1일).
9 "回良玉出席《中朝友好合作互助條約》簽訂45周年紀念宴會," 新華網, 2006년 7월 10일, http://big5.news.cn/gate/big5/news.xinhuanet.com/newscenter/2006-07/10/content_ 4815402.htm(검색일: 2015년 3월 17일); "방북 中 친선대표단 귀국. 우다웨이 부부장도," 연합뉴스, 2006년 7월 15일; 전병곤, "중국의 북핵 해결 전략과 대북 영향력 평가," 『국방연구』, 제54권 1호(2011), p. 35.
10 Christopher Twomey, "Explaining Chinese Foreign Policy toward North Korea: Navigating Between the Scylla and Charybdis of Proliferation and Instability," *Journal of Contemporary China*, No. 17, Vol. 56(August 2008), pp. 401-423.
11 최강·최명해, "북핵 문제의 현황 및 전망과 향후 대책," 『전략연구』, 통권 제44호(2008), p. 155; 이영학, "북한의 세 차례 핵실험과 중국의 대북한 정책변화 분석," 『국제정치논총』, 제53집 4호(2013), pp. 204-205.
12 진찬룽, "북핵문제에 대한 중국 정책의 진화," 2013년 한국전략문제연구소-화정평화재단 공동 국제심포지움 자료집, p. 122.
13 "記中共中央政治局常委周永康訪朝: 中朝關系再掀高潮," 新浪網, 2010年 10月 11日, http://news.sina.com.cn/o/2010-10-11/220218215013s.shtml(검색일: 2015년 3월 20일).
14 "中朝兩個經濟區投資說明會在北京擧行陳健: 政府引導 企業爲主 市場運作 互利共贏," 2012年 9月 26日, http://www.mofcom.gov.cn/aarticle/ae/ai/201209/20120908360623.html (검색일: 2013년 2월 14일); 외교부, 『중국개황 2013』, p. 131.
15 진창룽, "북핵문제에 대한 중국 정책의 진화," 2013년 한국전략문제연구소-화정평화재단 공동 국제심포지움 자료집, p. 124.
16 "中國銀行已關閉朝鮮外貿銀行賬戶," 明報財經網, 2013年 5月 8日, http://www.mpfinance .com/htm/finance/20130508/news/ad_taa1.htm(검색일: 2013년 5월 9일).
17 中國外交部, "關於執行聯合國安理會第2094號決議的通知," http://www.moc.gov.cn/

zizhan/siju/guojisi/duobianhezuo/guojiheyue/duobiantiaoyue/201304/t20130425_1402013.html(검색일자: 2013년 8월 1일); "탕자쉬안 '한반도 비핵화 최우선' ⋯⋯ 中, 대북압박 동참하나," 동아일보, 2013년 6월 17일.

18 "商務部工業和新息化部海關總署國家原子能機構公告2013年第59號關於禁止向朝鮮出口的兩用物項和技術清單公告," http://www.mofcom.gov.cn/article/b/c/201309/(검색일자: 2014년 7월 27일).

19 "社評：中國珍惜中朝友好, 朝鮮也需珍惜," 環球時報, 2013年 2月 6日; "朝鮮第三次核試 中國在朝核問題 '戰略兩難'," 中國網, 2013年 2月 13日, http://www.china.com.cn/international/txt/2013-02/13/content_27947596.htm(검색일: 2013년 2월 13일); "專家：朝鮮核武器在意外變故下可能瞄准中國," 環球時報, 2013年 2月 17日.

20 "史無前例對朝交涉 習近平朝鮮政策或釀巨變," 多維新聞, 2013年 2月 12日.

21 "2013年3月8日外交部發言人華春瑩主持例行記者會," 中國外交部 사이트, 2013年 3月 8日, http://www.fmprc.gov.cn/mfa_chn/wjdt_611265/fyrbt_611275/t1019798.shtml(검색일: 2015년 3월 21일); 진창롱은 2006년에 북중관계가 정상적 국가관계라고 언급한 이후 공식적으로 3차 핵실험 이후 재차 언급한 것이라고 서술하고 있다. 진찬룽, "북핵문제에 대한 중국 정책의 진화," 2013년 한국전략문제연구소-화정평화연구재단 공동 국제심포지엄 자료집, p. 126.

22 웬트는 국가 정체성을 네 가지—개별적/유기적 정체성(personal/corporate identity), 유형 정체성(type identity), 역할 정체성(role identity) 및 집합적 정체성(collective identity)—로 나누어 설명하고 있으며, 이러한 정체성은 실재할 뿐만 아니라 국가의 행동과 구조에 영향을 미친다고 파악하고 있다. 자세한 내용은 다음의 글을 참조. Alexander Wendt(1999), pp. 224-229.

23 閻學通, "閻起中的中國國家利益內涵," 『中國戰略論壇』 7月(2006).

24 Avery Goldstein, "The Diplomacy Face of China's grand Strategy: A Rising Power's Emerging Choice," *The China Quarterly*, No. 168(Winter 2001), p. 845.

25 張錫鎭, "東亞區域合作與合作机制," 『東南亞研究』 第11期(2001); 南方都市報, 1999年 12月 24日; 新華社, 2000年 12月 28日.

26 중국 외교부 부부장 왕이, 다이빙궈(戴秉國)의 미국과 러시아 파견, 다이빙궈 외교부 부부장을 대북특사로 파견하여 후주석의 친서를 전달하게 하였고, 리짜오싱(李肇星) 부장은 미국 파월 국무장관에 전화로, 주중 한국대사에게 직접 북한 방문에 대한 결과를 설명하는 적극성을 보여주었다. 중국은 또 북한이 다자회담에 참가하도록 설득하였고, 대북특사 다이빙궈를 워싱턴에 방문(7월 18~21일)하도록 하여 후속회담에 대한 준비작업을 진행시켰다. 그러나 북한은 러시아 주재 박의춘 대사가 페도토프 러시아 외무차관을 통해 6자회담 개최 수용의사를 발표(7월 31일)하였다. 이에 왕이 부부장은 직접 평양을 방문(8월 7~9일)하여 6자회담 개최 시기와 의제, 대표단 구성문제 등에 대해 협의하였다. 이처럼 중국은 6자회담의 성사를 위해 관련 당사국들을 설득하고 상대의 입장을 전달하는 중재자 역할을 하였다. 또 2차 6자회담 개최를 위해 중국은 워방궈(吳邦國) 방북(10월 29~30일), 리짜오싱과 파월의 전화 통화를 통해 회담 개최시기 논의(11월 4일), 중미 국가 정상들의 전화통화로 후속회담의 조기개최 확인(12월 19일), 외교부 부부장 왕이 방한(2004년 2월 13~15일) 등 적극적 태도를 보여 왔다. 연합뉴스, 2003년 7월 1일; 7월 15일; 7월 16일; 7월 18일; 8월 1일; 8월 7일; 8월 8일; 11월 5일; 12월 21일.

27 梁凱音, "論中國擴展國際話語權的新思路," 『國際論壇』 第3號(2009), pp. 43-47; 王嘯, "國際話語權與中國國際形象的塑造," 『國際關係學院學報』 第6期(2010), pp. 60-67; 宋泓, "中國崛起與 國際秩序調整," 『世界經濟與政治』 第6期(2011), pp. 140-142; 程曉勇, "建國以來國家政治利益演變分析," 『延安大學學報』, 第4期(2012), pp. 13-14.
28 牛鐵航, "論國際貨幣體系失衡及中國對策," 『南京社會科學』, 第3期(2009), pp. 10-11; 蔡珞珈, "新形勢下人民幣國際化問題探討," 『商業時代』, 第1期(2010), p. 82.
29 신종호, "최근 북중관계 분석 및 2015년 전망," Online Series CO 15-02, 통일연구원 (2015), p. 2.

## 05. 북한의 위기에 대해 중국은 어떻게 인식하고 행동하는가?

**이영학** (한국국방연구원 선임연구원)

북한의 급변, 유사, 붕괴, 체제 변화 등 북한의 위기와 관련된 논의는 1990년대 초에 불거진 이래로 20여 년이 지난 현재까지도 진행형이다. 1990년대 초 동구권의 몰락과 소련의 해체로 냉전이 종식되고, 대내적으로는 김일성의 사망과 극심한 자연재해 및 경제위기로 인해 북한의 급변 논의가 시작되었다. 이후 2008년 김정일의 건강 이상설과 2011년 김정일 사망 및 김정은 3대 세습으로 인한 체제 및 정권의 불안정성에 대한 의구심이 제기되었다. 김정은 정권의 안정성에 대한 평가가 엇갈리는 가운데, 2013년 장성택 처형과 최근 현영철 숙청 등 김정은의 공포정치에 대한 혐오와 함께 체제 및 정권 안정성에 대한 의구심이 지속되고 있다.

중국은 북한의 위기 발생 가능성에 대해 커다란 우려를 갖고 있다. 북한의 위기는 직·간접적으로 중국의 국가이익에 영향을 미치기 때문이다. 중국은 이미 1950년 한국전쟁 시, 북한의 붕괴와 미군의 38선 진군 및 북한 지역 점령을 저지하기 위해 한반도에 군대를 파견하여 직접 전쟁을 치른 경험이 있다. 또한 2002년 말 불거진 제2차 북핵위기에 대해서도 6자회담을 주도하면서 북핵문제의 평화적 해결을 위해 적극적으로 개입하고 있으며, 이러한 노력은 현재까지도 지속되고 있다.

그러나 2012년 말에 집권한 중국의 시진핑 지도부는 북한의 계속된 핵실험 및 핵능력 고도화를 비판하고, 북핵 불용에 대한 명확한 입장을 견지하면서, 한국·미국 등 관련국들과 긴밀하게 협의하고 있으며, 북한의 김정은과는 정상회담을 개최하지 않고 있다. 또한, 과거에는 중국 내 북한 위기와 관련한 연구는 물론 그러한 논의 자체가 금기시되어 왔으나, 현재에는 북한의 위기를 주제로 다양한 연구가 수행되고 있으며, 심지어는 미국의 연구기관과 함께 공동연구도 수행하고 있는 것으로 알려지고 있다.

이 글에서는 북한의 위기에 대한 중국의 인식과 대응책을 중심으로 논의를 전개하고자 한다. 우선, 북한의 위기란 무엇을 의미하는지 개념을 정의하고 범주를 상정한 후, 급변을 중심으로 북한의 위기에 대한 중국의 우려를 분석하고, 이에 따른 중국의 대응, 군사적 개입 가능성 및 양상을 차례대로 검토해 보겠다.

## 01

## '북한 위기'란 무엇인가?

통상적으로 국제정치 및 군사 분야에서의 '위기'는 다음과 같은 세 가지 요소로 구성된다. 첫째, 위기의 양측 또는 각각의 중대이익 내지는 핵심이익이 위협을 받고, 둘째 위협에 대응할 시간적 제한이나 긴박함이 존재하며, 셋째 군사적 충돌이 발생할 엄중한 위험이 존재할 때이다.[1] '국제적 위기'는 한 개 국가 이상의 위기로 시작되어, 국가들 사이의 관계를 악화시키는 사건의 심각성이 증대되고, 국가 간 관계 및 국제·지역 질서의 안정성을 저해하는 사건으로 발전하여, 충돌적 활동의 감소로 종료된다.[2]

그러나 위기의 정의에 대한 논쟁들이 존재하는데, 위기는 정책결정자들을 놀라게 하는 것(surprise)일 뿐만 아니라 이미 예측했으나 발생하는 위기도 존재하고, 대응 시간이 제한적일 수도 있지만 오래 지속되는 위기도 존재하며, 국내적 위기가 국제적 위기로 전환되는 사례가 많다는 점 등이다.

이처럼 '위기'에 대한 일반적 정의 및 논의를 기초로 이 글에서는 북한의 위기를 다음과 같이 정의하여 논의를 전개하겠다. 북한의 위기란 "주로 북한 내부의 위기로 시작되어 북한과 관련 국가들(한국, 미국, 중국 등) 간의 관계를 악화시키거나, 동아시아 지역 질서의 안정성을 저해할 수 있는 상황·사건 등을 의미하며, 이러한 상황 내지 사건은 북한 및 관련국의 중대이익과 관련되며, 긴박함이 존재하고, 군사적 충돌의 위험성이 상존한다."

상기한 북한의 위기에 대한 정의에 근거할 때, 북한의 위기는 다음과 같이 구분할 수 있다. 첫째, 북한 내부 위기로서, 주로 북한 급변 사태를 꼽을 수 있다. 북한 급변 사태란 북한 내에 급격하고 심각한 혼란이 발생하여, 북한 정권 스스로가 이를 자구적 노력으로 해결하지 못하는 상황으로서, 정권의 붕괴로부터 시작하여 사회주의 체제의 붕괴, 더 나아가 북한이라는 국가의 붕괴에 이르는 과정을 의미한다. 북한 급변은 최고지도자의 갑작스러운 유고로 인해 세습 과정에서의 권력 투쟁 및 내전이 발발하고, 이와 더불어 민중 봉기가 발생하면서 핵과 미사일을 포함한 대량살상무기(WMD)의 유출 및 집단 탈북이 이루어지고, 더 나아가 한국에 대한 도발이 감행되면서 확전되는 상황까지도 포함하여 상정할 수 있다. 이와 더불어 북한 내 심각한 자연 재해 및 인도주의적 재난 발생도 북한 내부의 위기로 분류할 수 있겠다.

둘째, 북핵위기이다. 1993년~1994년의 1차 북핵위기에 이어서, 2002년 말 제2차 위기 발발 이래, 북한은 세 차례에 걸쳐 핵실험을 강행하였다. 뿐만 아니라, 핵탄두 투발 수단의 다양화를 꾀하면서 미사일 능력을 발전시키고, 최근에는 잠수함 발사 탄도미사일(SLBM) 사출실험을 실시하는 등 핵능력의 소형화·다종화를 시도하고 있다. 한국과 미국을 비롯한 국제사회는 북한의 핵보유를 결코 용인할 수 없으며, 북핵문제의 해결을 위해 유엔 안보리 결의를 통한 대북제재와 동시에 6자회담을 비롯한 대화 시도 등 다양한 방안을 모색하고 있다. 세계적 강대국으로서 G2의 반열에 오른 중국 역시 북핵 불용 입장을 명확히 하고 있다.

셋째, 북한의 대남 도발로 인한 위기이다. 북한은 이미 1950년 한국전쟁을 도발하여 민족상잔의 씻기 어려운 상처를 입혔으며, 이후에도 지속적으로 대남 도발을 자행하고 있다. 1968년 청와대 습격 사건, 1985년 미얀마 아웅산 폭발 만행을 저지른 바 있으며, 2010년에는 천안함 폭침 및 연평도 포격 사건을 일으키면서 한국에 대한 군사적 도발을 지속하고 있다. 특히, 천안함 폭침 및 연평도 포격 사건과 같은 최근 북한의 대남 도발은 남북한 관계에서 시작되었으나, 결국 미중 간 위기관리 문제로 전이되는 특징을 보이고 있다.[3]

넷째, 북한의 대미국 도발이다. 북한은 1968년 미국의 푸에블로호 납치 사건을 일으켰으며, 1976년에는 판문점 도끼 만행 사건을 일으킨 바 있다. 북핵위기 역시 북한이 미국의 대북 안보 위협 및 적대시 정책으로 인해 생존을 확보하기 위한 자위권 차원의 핵능력 확보를 주장해 온 만큼, 대미 도발의 성격을 갖고 있다고 할 수 있다.

## 02
## '북한 위기' 발생 시 중국은 무엇을 우려하는가?

북한의 위기 발생 시 중국의 우려는 과거 북한 및 주변국 위기 시 중국의 정책결정과정과 행태를 통해 유추해 볼 수 있다. 한국전쟁과 베트남 전쟁의 위기 사례를 통해 볼 때, 중국의 위기 정책결정은 다음과 같이 이루어졌다. 첫째, 돌발 사건 또는 사태 발전에 대한 초보적 외교 대응 결정, 둘째, 면밀한 정세 분석 및 군사적 행동 결정의 마지노선 확정, 셋째, 상대방에 경고 신호 발신과 동시에 군사적 행동 선택 준비, 넷째, 상대방이 경고를 무시하고 마지노선을 넘을 경우 기존 방침에 따라 행동하되, 상대방이 경고를 받아들일 경우 위기는 완화된다.[4]

위기 대응 측면에 있어서 중국은 다음과 같은 행태를 보였다. 첫째, 주도적으로 미국에 대해 전쟁을 도발하지는 않지만 전쟁을 두려워하지도 않으며, 최악의 상황에 대한 대비를 철저히 한다. 둘째, 미국의 행동에 대칭적으로 행동한다(美國走一步, 中國走一步). 셋째, 중국의 정책결정에서 가장 중요한 부분은 출병 및 참전의 마지노선을 확정하는 것이다. 한국전쟁에서는 38도선이었고, 베트남 전쟁에서는 17도선이었는데, 중국 입장에서 이 두 선은 미중 간 직접적인 군사적 충돌을 회피할 수 있는 안전거리를 규정한 것이었다. 미국은 중국과 한국전쟁에서 직접 군사적으로 충돌한 반면, 베트남 전쟁에서는 한국전쟁에서의 교훈을 통해 효과적으로 정보를 소통함으로써 직접적 충돌을 회피할 수 있었다.

이렇게 볼 때, 중국이 북한 위기와 관련하여 가장 우선적으로 고려할 요인은 미국(한미 연합군)의 군사적 개입 여부 및 이로 인한 미중 간 군사적 충돌 가능성이라고 할 수 있다. 2012년 말에 집권한 시진핑 중심의 5세대 지도부는 '중화민족의 위대한 부흥'이라는 '중국의 꿈(中國夢)'을 국가목표로 제시하였다. 또한 '두 개의 백년(兩個一百年)'을 거쳐 사회주의 강대국을 달성하겠다는 대전략을 추진하고 있다. 이를 위해 중국은 평화적 발전을 추구할 것임을 천명하고 있다. 결국, 세계적 강대국으로 부상 중인 중국은 자국의 국가목표를 실현하기 위해서 기존의 패권국인 미국과의 관계를 잘 관리해 나가야 하며, 따라서 미국과의 직접적 군사 충돌은 절대로 원치 않는 상황인 것이다.

그러나 중국은 이와 동시에 자국의 '핵심이익'을 희생하지 않을 것임도 강조하고 있으며, 급속한 경제적 발전을 기반으로 10여 년 넘게 두 자릿수 국방예산을 확충하면서 군사력 강화에 매진하고 있다. 물론, 북한지역 및 한반도가 중국의 '핵심이익'에 해당하는지 여부에 대해서는 논쟁이 있을 수 있지만, 전략적 이해가 걸린 중요한 지역임에는 분명하다. 중국 왕이(王毅) 외교부장은 2014년 3월 전국인민대표대회의 기자회견 자리에서, "한반도는 중국과 인접해 있기 때문에, 중국의 대한반도 정책의 레드라인은 전쟁이나 혼란이 발생하는 것을 절대로 용납하지 않는 것이다."라고 하였다. 이는 중국이 한반도에 대해 지정학적 이해관계가 있기 때문에 한반도에서 전쟁이나 혼란이 발생하는 것을 원치 않으며, 만약 이러한 상황이 발생한다면 적극적으로 개입하겠다는 의지를 천명한 것으로 해석할 수 있다. 따라서 미국이 중국의 북한에 대한 지정학적·지전략적 이익을 무시하고, 북한 급변 사태 등 위기 상황에 군사적으로 개입할 경우, 중국은 65년 전 한국전쟁 때 그랬던 것처럼 군사적 개입도 불사할 가능성이 높다. 무엇보다도 중국이 가장 우려하는 시나리오는 북한 급변 시, 북한의 군사적 도발에 한미 연합군이 반격을 가하여 확전됨으로써 제2차 한국전쟁이 발발하는 것이다.

이와 더불어, 중국이 북한의 위기와 관련하여 중요하게 인식하고 있는 사안은 북한의 핵·미사일 등 대량살상무기(WMD) 문제, 대량 탈북 난민 문제 등이다. 이러한 북한의 위기는 평시보다는 북한 급변 상황 발생 시 급속히 위험도가 높아질 것이기 때문에, 여기에서는 주로 북한의 급변 상황 시의 위기 사안에 대한 중국의 개입 가능성 및 양상 등을 중심으로 살펴보겠다.

## 03
## 북한 급변 사태 발생 시, 중국은 어떻게 대응할 것인가?

중국은 대체적으로 북한의 김정은 3대 세습 체제가 비교적 안정적으로 유지되고 있는 것으로 평가하고 있다. 북한은 현재 김정은이 백두혈통이라는 정통성을 내세우며 절대 독재자로 군림하고 있는 가운데, 지배 엘리트들이 정권에 충성하고 있으며, 공안기구를 통한 철저한 사회통제도 건재하고 있어서 권력투쟁이나 반체제 활동과 같은 불안 징후가 확인되지 않고 있다.

그러나 북한은 경제난으로부터 시작된 위기가 사회 전반으로 확대되면서 총체적 난국에 직면해 있으며, 장성택 처형과 현영철 숙청이 보여주는 것처럼 김정은 정권의 권력기반은 예상보다 더 취약할 수 있다. 따라서 김정은 정권이 이와 같은 구조적 문제를 해결하지 못한다면 체제와 정권이 위기국면으로 발전할 가능성이 점점 더 높아질 수 있으며, 이러한 난국을 타개하기 위하여 어떤 식으로든 변화를 추구할 가능성을 배제할 수 없다. 그러나 김정은 정권이 사회주의 독재체제를 유지하는 가운데 추진하는 부분적인 개혁은 성공할 가능성이 높지 않으며, 시장경제 체제를 과감히 도입하는 것도 정권의 붕괴로 이어질 가능성이 높은 만큼 북한 체제 변화는 불가피할 것이다.[5]

중국은 북한에 급변 사태가 발생할 경우, 다음과 같은 다섯 가지 기본 원칙을 고려할 것으로 전망된다. 첫째, 북한의 조속한 안정 회복과 핵무기 통제 방식을 모색하고, 둘째, 북한에 반중국적인 성향의 정권이 들어서지 말아야 하며, 셋째, 국제적 군사 충돌 사태로 확산되는 것을 방지해야 하고, 넷째, 중국의 단독 개입을 회피하고 UN 등 국제적 관리를 거쳐 문제를 해결하며, 다섯째, 미국의 한반도 군사 개입을 저지하고 미국과 타협을 통해 문제 해결을 시도하는 것이다.[6]

그러나 실제로 북한의 급변 사태가 발생할 경우, 중국은 북한 급변의 성격과 내용 및 발전 추이에 따라 달리 대응할 것이다. 우선, 미국 등 외부 세력의 개입이 없다는 전제하에서, 북한 내부의 상황 전개를 면밀히 주시할 것이다. 만약 북한 내부 세력의 다툼으로 인한 정권 교체가 발생한다면, 중국은 반대하지 않을 가능성이 높으며 누가 권력을 장악하든 북한 체제의 안정 유지를 최우선적으로 고려할 것이다. 또한, 중국은 북한 체제 유지의 전제하에 새로 들어설 정권이 비핵화를 표방하는 친중적 성향을 갖도록 암묵적으로 영향력을 발휘하기 위해 노력할 것이다. 이는 중국의 대북정책의 우선순위가 북한 정권의 유지보다는 체제의 유지에 있기 때문이다. 현재와 같은 남북 분단 및 한미 동맹을 축으로 하는 미국 우위의 한반도 질서에서, 북한의 체제 붕괴는 한국 또는 한미에 의한 흡수통일을 의미하며, 이 경우 중국은 미국의 군사적 영향력이 미치는 지역과 직접 접경하게 된다. 미중 간 전략적 불신이 해소되기 어려운 구조 및 상황에서 중국은 미국의 대중국 위협과 영향력을 걸러주는 전략적 완충지대인 북한의 지정학적 가치를 포기할 수 없다. 그러나 북한 체제의 붕괴에 이르지 않는 정권의 붕괴 및 혼란 상황에 대해서 중국은 북한의 정세 변화 및 한미의 개입 여부를 면밀히 관찰하면서, 선제적이고 독자적인 군사 개입은 최대한 자제할 것이다. 이는 중국이 주장해 온 타국에 대한 내정불간섭 원칙에 부합하고, 또한 중국의 반대와 경고를 무시하고 핵능력을 추구해 온 북한 김정은 정권을 대체할 수 있는 '비핵·친중' 정권을 세울 기회일 수도 있기 때문이다. 한편, 북한 정권의 붕괴가 체제의 붕괴에까지 이를 수 있는 상황으로 발전하고, 한국이나 미국의 개입이 없는 상황에 있어서도 중국이 내정불간섭 원칙을 깨고 군사적 개입을 시도할 것인지 여부는 현재로서는 예단하기 쉽지 않다.

북한 급변 시, 중국이 우려하는 주요 사안은 핵·미사일 등 WMD의 유출과 대량 탈북 난민의 중국 국경 지역 내 유입이다. 북한이 무정부 상태에서 내치와 북한군을 통제할 수 없게 될 경우, 대량살상무기의 관리가 중대한 문제로 대두된다. 특히, 북한의 핵무기가 탈취되어 중국 내 분리주의자나 테러리스트에게 유입되거나 관리부족으로 안전문제가 발생할 경우 대재앙으로 발전할 수 있다. 중국은 북한 핵무기를 통제 및 관리하기 위하여 특수부대를 우선적으로 핵시설 지역에 투입할 수도 있다.[7] 이러한 핵시설에 대한 군사적 관리는 미국의 이해와 일치하여, 미중 간 협의하에 공동 작전이 수행될 가능성도 있다. 즉, 미중은 북한 핵시설에 대한 점령과 통제, 폐기를 위한 전략적 협의 및 상호타협을 통해 상대방의 영변 지역 점령과 핵무기 및 핵시설에 대한 관리를 수용할 수 있는 것이다. 양국의 북한 핵시설에 대한 처리에 북한이나 한국이 관여할 수 있는 범위는 매우 제한적일 것이다. 중국은 미국의 강력한 핵시설 점령 의지를 수용할 수도 있을 것이며, 미국도 중국이 북한 핵시설을 확보하여 폐기한다면 중국의 점령을 수용할 가능성도 있다. 왜냐하면, 미국은 북한 지역 내에 지상군을 투입하여 야기될 수 있는 정치적·군사적·경제적 부담을 중국에게 전가시킬 수 있을 것이기 때문이다.[8]

또한, 북한 급변 사태 시 약 100만 명의 탈북 난민이 발생할 수 있으며, 이 가운데 50만은 중국으로, 30만은 한국으로, 그리고 20만은 러시아와 일본으로 각각 향할 것으로 전망되고 있다.[9] 약 50만 이상의 탈북 난민이 중국 국경을 넘어 동북3성으로 유입될 경우, 이 지역에 대혼란이 발생할 것이며, 이미 동북3성에 거주하고 있는 약 200만 명의 조선족과 어떤 방식으로든 연계됨으로써 여러 가지 정치적·민족적 문제가 불거질 가능성이 높다. 이에 대한 대비책으로서 최근 중국은 북중 국경을 감시하고 통제하기 위해 많은 노력을 기울이고 있다. 북중 국경 지역에 첨단 장비를 도입하여 통신기반시설을 구축하고, 전자감시장비를 설치하여 국경 순찰을 지원하고 있다. 일부 연구자들은 중국이 북한 급변에 의한 대량 탈북 난민의 중국 내 유입을 방지하기 위해서 즉각 개입할 것이며, 북중 국경으로부터 50~100km에 이르는 북한 지역 내 완충지대를 구축하여 난민 캠프를 조성하고, 캠프와 국경 사이에 장벽을 설치할 것으로 전망하고 있다.[10] 그러나 중국이 내정불간섭 원칙과 영토주권 존중을 강조하고 있음을 감안할 때, 대량 탈북 난민의 자국 내 유입을 저지하기 위해 일방적으로 북중 국경을 넘어서 북한 영토 내에 난민 캠프를 건설하고 통제할 것으로 보기는 어렵다. 이를 위해서는 북한 내 주요 정치·군부 세력의 요청이나, 한미와의 긴밀한 협의하에 역할 분담이 이루어진다는 전제하에서의 가능성을 고려해 볼 수 있을 것이다.

북한 급변 사태 발생 시, 중국의 대응 방식으로 가장 가능성이 높은 것은 힘에 기초한 경쟁적 또는 일방적 개입보다 관련 주변국들과의 타협에 의한 '협조적 개입' 방식으로 예상할 수 있다. 특히, 중국은 미국과의 협조적 개입을 추구할 가능성이 높으며, 이를 위해서는 미중 간에 개입의 성격, 범위, 기간 등을 둘러싸고 흥정과 타협이 전제되어야 할 것이다. 그러나 미중 간의 협조적 개입은 국제정치적 측면에서는 가능한 유형으로 상정할 수 있으나 현실적으로는 제약 요인이 많으며, 따라서 유엔에 의한 개입 가능성이 유력한 대안으로 등장할 수 있다. 중국은 일차적으로 미국과의 협조적 개입을 고려하겠지만, 이것이 여의치 않고 북한 급변 사태가 자국의 이익을 급격하게 훼손하는 상황으로 발전할 경우 유엔을 비롯한 국제사회에 주도적으로 문제를 제기하고 공동 관리를 요청할 가능성이 높은 것으로 전망된다.[11]

## 04

### 북한 급변 사태 시 중국은 군사적으로 개입할 것인가?

이상의 논의를 근거로 볼 때, 북한 급변 시 중국의 군사적 개입 가능성은 미국, 또는 한미의 대응 및 군사적 개입 여부에 따라 결정될 것이다. 앞에서 살펴본 것처럼 중국이 선제적으로 군사적 개입을 강행할 가능성은 높지 않으며, 미국과의 협조적 개입 및 유엔에 의한 개입을 선호할 것이다. 그러나 미국 또는 한미가 중국과의 협의 없이, 또는 중국의 경고를 무시하고 선제적으로 군사적 개입을 강행한다면, 중국 역시 군사적 개입을 강행할 가능성이 높다. 그러나 여기에서는 군사적 개입에 초점을 맞추어, 발생할 가능성보다는 다양한 상황을 상정하여 논의를 진행하려고 한다. 실제로 국내외에서는 여러 가지 다양한 논의들이 존재하며, 이러한 상황들을 검토해 보는 것이 향후 북한 급변 관련 중국과 미국의 의도, 개입 가능성 및 양상을 더욱 정밀하게 분석하고 전망하는 데 도움이 될 것으로 판단했기 때문이다. 여기에서는 세종연구소 정철호 박사가 수행한 중국과 한미 연합군 간 군사적 개입의 적극성 차이에 따른 네 가지 양상에 대한 선행 연구의 성과에 근거하여, 필자의 분석 및 전망을 토대로 중국의 개입 가능성 및 양상을 검토해 보겠다.[12]

첫째, 중국의 군사 개입 의지가 한미 연합군의 적극적 개입 의지에 비해 상대적으로 소극적일 경우이다. 중국은 대량 탈북 난민의 중국 영토 내 유입을 차단, 방지하는 것에 중점을 둘 것으로 상정할 수 있다. 중국은 북한에 대한 군사 개입이 초래할 미국 및 한국과의 긴장 관계와 이로 인해 형성될 안보 위험, 그리고 자국의 경제발전 부담으로 북한에 대한 군사적 개입에 소극적일 수 있다. 또한, 중국은 미국 주도로 영변 핵시설을 통제 관리하는 것을 용인할 수 있다. 다만, 중국은 미국이 주도적으로 북한 지역을 관할하는 것에 반대하여, 유엔을 통해 개입하고 자국 역시 유엔의 평화유지군에 참여하여 북한 지역에서 활동할 것을 주장할 수 있다. 한국은 단독으로 북한 지역까지 진입하고, 이 지역을 확보한 후 북한 내 질서 회복을 위한 안정화 작전을 수행하여, 통일 기반 형성을 위한 군사적 우위를 점하려 할 것이다. 중국은 한국이 주도하는 통일한국이 중국과 우호적 관계를 형성할 것이라는 확신을 가질 때 한국의 북한 진입과 통일 기반 형성을 수용할 것이다. 미국은 우선적으로 북한 핵시설을 점령하여 대량살상무기의 관리에 중점을 둘 것이며, 이라크전과 아프가니스탄 전쟁에서의 교훈을 바탕으로 지상군 투입에는 신중을 기할 가능성이 높다.

둘째, 중국과 한미의 군사적 개입 의지가 모두 적극적일 경우이다. 양 진영 간 갈등이 확대되고, 군사적 충돌까지도 발생할 수 있다. 한미 연합군이 선제적으로 북한 지역에 진입하여 북한의 혼란을 방지하고, 질서 회복을 위한 안정화 작전을 수행할 수 있다. 중국은 완충국가인 북한의 붕괴를 국가 안보 위기로 간주하고, 한미 연합군과의 대치 및 갈등으로 인한 군사적 충돌을 불사할 수 있다. 이러한 갈등 및 충돌은 어느 누구도 원치 않는 방식으로 확전될 가능성도 배제할 수 없다. 한편, 중국은 북한의 정치 세력이나 군부 중 친중 인사를 내세워 친중 정권 수립을 통해 영향력을 행사하려 할 것이다. 미국은 독자적으로 또는 한미 연합작전을 통해 대량살상무기 확산 방지를 위하여 영변을 비롯한 북한 내 핵시설 지역을 점령하고, 북한 핵무기를 비롯한 핵시설을 장악하여, 핵무기의 유출을 방지하고 핵무기 제거 작전을 수행할 것이다. 이때, 한미의 특작부대와 중국의 특작부대가 충돌하여 확전될 가능성이 있는 반면, 미중 간 북한 핵시설 점령에 대한 전략적 협의가 이루어질 수도 있다. 한국은 한미 연합군의 북한 지역 진입을 통해 중국 인민해방군의 진출에 대응하면서 일정 지역을 확보하려 할 것이다. 동시에 한국군은 확보된 지역에서 안정화작전을 수행하며 군사적 기반을 형성하여 한국이 주도하는 통일 여건을 형성하려 할 것이다.

셋째, 중국이 적극적 군사 개입을 시도하는 반면, 한미는 소극적으로 대응할 경우이다. 중국은 북한의 중국군 파병 요청이나 '조중 우호협력 및 상호원조조약'을 근거로 하여 한미 연합군의 북한 지역 진입을 차단하고, 중국의 전략적 이익을 확보하기 위해서 선제적으로 신속하게 북한 지역에 진입할 수 있다.[13] 동시에, 중국은 북한의 재건을 위한 경제적 지원을 제공하여 북한 내 질서를 회복하고, 북한 내 친중 인물을 내세워 친중 정권을 수립하여 영향력을 최대한 발휘하려 할 것이다. 더 나아가 이후 통일한국이 친중 성향을 갖도록 하기 위해 한국에 대한 영향력도 행사하려 할 것이다. 한국과 미국의 소극적 개입 전략은 중국군의 단독 개입과 진주를 용인하고, 중국이 북한의 안정화를 위해 북한을 관리하는 것을 수용하는 것이다. 미국은 북한에 대한 개입을 포기하고 오히려 중국이 북한의 핵무기와 핵시설을 장악하여 관리하는 것을 환영할 수도 있다. 이로 인해 한국의 입지는 매우 좁아지고 한국 주도의 통일은 매우 어려운 상황에 놓이게 될 수 있다.

넷째, 중국과 한미 모두 북한 지역에 대한 군사적 개입에 소극적인 경우이다. 양 진영 모두 북한 지역에 군사력을 투입할 경우 야기될 수 있는 상대 진영과의 군사적 충돌을 회피하고자 할 수 있다. 중국은 한미 연합군 전력이 북한 지역에 진입하지 않는다면 중국군의 개입을 자제할 것이다. 중국은 평화로운 주변환경 조성을 통한 자국의 경제발전과 산적한 국내문제 해결에 집중하기 위해서 한미 연합군과의 군사적 충돌로 인한 국지전 내지는 전면전을 회피하기 위해 노력할 것이다. 또한, 중국은 북한 지역에 군사력을 주둔시키게 될 경우 발생하게 될 북한의 안보와 경제 회복에 대한 전적인 책임을 부담스러워 할 것이다. 중국은 이러한 부담을 경감시키기 위해 유엔이 주도하는 평화유지군에 참여하고, 북한 재건을 위한 명분으로 중국군의 북한 지역 내 평화재건 활동에 참가하는 것을 선호할 것이다. 한미도 중국군과의 직접적인 군사 충돌을 회피하기 위해 소극적 개입을 견지할 수 있다. 한미 양국은 북한이 자체적으로 정치, 경제, 군사 분야에서 안정을 회복하는 현상유지 전략을 추구하고자 할 것이다. 북한 지역 내 유엔 평화유지군 참여를 주장하고, 북한의 재건에 관여하며 개입 범위를 인도적 차원에서 확대할 수 있다. 더욱이 미국은 북한의 핵무기 제거와 핵시설 관리를 위한 군사적 개입이 불가능하게 되면 유엔과 IAEA를 비롯한 대량살상무기 관련 국제기구를 통하여 북한 핵시설 관리를 위한 국제협력을 주도할 수 있다. 한국은 유엔 평화유지군의 일원으로 북한 재건을 위한 참여와 탈북 난민 수용과 대북 인도적 지원을 통한 대북 영향력 강화를 추구할 것이다.

한편, 이와 관련하여 우리가 간과하기 쉽지만, 북한 급변 상황 전반에 커다란 영향을 미칠 수 있는 부분이 북한 급변 시 한미의 전략적 이익의 불일치로 인한 갈등 가능성이다. 북한 급변을 둘러싼 한국과 미국의 갈등은 크게 다음의 세 가지 차원으로 나눌 수 있다. 첫째, 개입의 주체이다. 한국은 개입의 주체가 한국이라고 보지만, 미국의 입장은 다를 수 있다. 중국이 한국 중심의 개입과 그로 인한 한국에 의한 북한의 흡수 통일을 경계하기 때문에, 미국은 중국의 반발을 의식해서 한국의 단독 또는 한국 중심의 개입에 적극적이지 않을 수 있다. 둘째, 개입의 목표이다. 한국은 북한 지역의 안정화와 통일 여건 조성을 위한 장기적 통합을 목표로 하며, 북한 군사력의 무장해제-동원해제-사회재통합을 넘어서 사회간접자본의 확보와 지원을 추구한다. 반면 미국은 WMD 해체 및 확산 방지에 집중하고 있다. 현재 북한이 보유하고 있는 WMD 및 관련 기술이 북한에서 유출되어 확산되는 것을 가장 우려하고 있으며, 이를 위해서 미국이 직접 군사적으로 개입해야 한다고 주장한다. 셋째, 개입의 군사적 규모이다. 베넷(Bruce W. Bennett) 박사를 중심으로 미국 연구자들은 북한 안정화에 필요한 한국의 병력 자원을 더욱 많이 확보해야 하며, 그러한 방향의 국방개혁을 추진해야 한다고 주장하고 있다. 그러나 한국의 국방개혁은 동아시아 안보 환경 변화에 따른 한국의 안보를 확보하기 위한 것으로서, 단순히 북한 급변 사태를 대비하기 위한 것은 아니기 때문에 이러한 주장을 수용하기 어렵다.[14]

또한, 한국과 미국은 중국의 개입 가능성과 관련하여 다음과 같은 딜레마에 직면한다. 한국은 미국이 북한 WMD 시설 등을 장악하기 위해 중국 국경지대에 직접 개입하면서 중국의 개입이 유발될 가능성을 우려한다. 따라서 한국은 북한 WMD 제거를 미국이 아니라 한국 또는 국제기구가 담당하는 것이 안전하다고 본다. 한국은 미국이 개입하는 경우 중국이 반발하여 북중동맹 또는 자위권 등을 원용하여 개입하면서 통일 가능성이 사라지는 것을 우려한다. 반면 미국은 한국이 주도하는 경우에 중국이 개입할 수 있다고 우려한다. 북한 급변 사태에서 한국이 주도적으로 개입한다면, 그 결과는 북한의 소멸과 한국으로의 흡수통일이다. 따라서 중국은 북한에 대한 영향력을 유지하기 위해 한국이 주도하는 개입보다는 주변국 및 국제기구가 주도하고 한국이 실질적인 부담을 지는 방식을 선호할 것이다. 즉 미국이 우려하는 것은 한국이 주도적으로 북한에 개입하고 여기에 중국이 개입하면서 의도하지 않은 무력충돌이 발생할 가능성이다. 따라서 미국은 한국 주도의 개입을 적극적으로 지지하지 않으며, WMD 제거를 제외하고는 군사적으로 개입하여 중국과의 충돌 가능성을 무릅쓰지 않을 것이다. 한미는 서로 상대방의 개입이 중국의 개입을 초래할 것이라고 판단하며, 동맹 차원에서 공통된 해결책을 쉽게 찾기 어려운 상황이다.[15]

---

1 张沱生, (美)史文, "中美危机管理的基本概念 原则与变量," 张沱生, (美)史文 主编, 『中美安全危机管理案例分析』, 世界知识出版社, 2007年, pp. 1-20.
2 Jonathan Wilkenfeld, "Consepts and Methods in the Study of International Crisis Management," Michael D. Swaine and Zhang Tuosheng eds., *Managing Sino-American Crises-Case Studies and Analysis*, Carnegie Endowment for International Peace, 2006, pp. 103-132.
3 신종호, "미국과 중국의 한반도 위기관리 행태 및 영향요인," 『中蘇硏究』, 제38권 제1호, 2014 봄, p. 33.

4 章百家, "抗美援朝与援越抗美-中国如何應對朝鮮战争和越南戰争," 張沱生, (美)史文 主编, 『中美安全危机管理案例分析』, 世界知識出版社, 2007年, pp.112-139.
5 김진무, "북한 체제 변화 유형과 안보적 대비 방향,"『국방정책연구』, 제30권 제1호, 2014 봄, p.49.
6 박병광, "북한 급변 사태와 중국,"『동아시아브리프』, 3권 4호, 2008, pp.107-112.
7 정철호,『북한 유사시 중국 군사개입 대응 한국의 안보전략』, 세종연구소, 2014, p.21.
8 정철호,『북한 유사시 중국 군사개입 대응 한국의 안보전략』, 세종연구소, 2014, pp.45-46.
9 Paul B. Stares and Joel S. Wit, "Preparing for Sudden Change in North Korea," Council Special Report No.42, Council on Foreign Relations, Jan. 2009, p.23.
10 Bruce W. Bennett, *Preparing for the Possibility of a North Korean Collapse*, Rand Corporation, 2013, pp.88-89.
11 박병광, "북한 급변 사태와 중국,"『동아시아브리프』, 3권 4호, 2008, pp.107-112.
12 정철호,『북한 유사시 중국 군사개입 대응 한국의 안보전략』, 세종연구소, 2014, pp.42-48 참조.
13 박창희 박사는 북한 급변 사태의 초기 단계에 북한 지역에 대한 중국의 단독 개입이 불가피 할 것으로 보고 있다. 즉, 중국이 북한 정권의 통치력 약화, 고위급 지도부의 분열, 군부의 통제력 상실, 대량 탈북자 발생, 그리고 정치사회적 질서의 붕괴를 차단하고 사태가 확산되는 것을 방지하기 위해 우선적으로 개입하여 조치를 취하고, 북한 내 핵과 미사일 통제 및 한반도에서 우발적 전쟁 발발과 국지적 충돌을 방지하려 할 것으로 전망하고 있다. 박창희, "북한 급변사태와 중국의 군사개입 전망,"『국가전략』, 제16권 1호, 2010, p.46.
14 이근욱, "한반도 통일을 촉진하고 만들어 가기 위한 한미 양국의 북한급변사태 대비 방안,"『전략연구』, 통권 제61호, 특별호, 2014.2., pp.71-88.
15 이근욱, "한반도 통일을 촉진하고 만들어 가기 위한 한미 양국의 북한급변사태 대비 방안,"『전략연구』, 통권 제61호, 특별호, 2014.2., pp.71-88.

# 경 제

Q_06. 북한은 왜 중국과 경제협력을 하려고 하는가? **(신종호)**

Q_07. 북중무역은 왜 지속될 수밖에 없는가? **(정은이)**

Q_08. 북중 간 경협은 어떻게 이루어지고 있는가? **(박종철)**

Q_09. 5·24조치는 북중경협에 어떤 영향을 미쳤는가? **(정은이)**

Q_10. 중국의 개혁개방 경험을 북한에 적용할 수 있는가? **(신종호)**

## 06. 북한은 왜 중국과 경제협력을 하려고 하는가?[1]

**신종호** (통일연구원 부연구위원)

최근 몇년간 지속된 남북관계의 경색 국면에도 불구하고 북중 접경지역에서의 경제협력은 여전히 유지되고 있다. 특히 2013년 초 북한의 3차 핵실험 및 동년 11월 장성택 숙청 이후 일각에서는 북중관계가 냉각되고 경제협력 역시 심각한 위기에 처할 수 있다는 전망이 있었지만, 2015년 현재 북중경협의 기본적인 추세는 유지되고 있다. 이는 곧 북중경협이 유지될 수밖에 없는 구조적이고 전략적인 이유가 존재하고 있음을 의미한다. 이 글에서는 최근 북중경협이 약간의 기복은 있었지만 기본적으로 협력의 추세가 유지되고 있는 이유를 북한의 입장에서 살펴보고자 한다. 이를 위해 먼저 북중 경제협력이 최근 몇 년 동안 어떤 변화 추세를 보였는지를 교역 현황을 중심으로 살펴본다. 그리고 북한이 중국과의 경제협력을 강화하는 배경과 이유를 3가지 차원—즉, 경제난 극복, 외교적 고립 탈피, 남북관계 경색—으로 분석한다. 마지막으로 최근 2~3년간 북중관계가 냉각된 배경과 원인에 대한 분석을 통해 향후 북중경협은 어떻게 될 것인지에 대한 초보적인 전망을 시도하고자 한다.

## 01

## 북중경협은 그동안 어떤 변화 추세를 보여 왔는가?

우선 북중 경제협력의 핵심 지표인 무역 동향을 보면, 2000년에는 4.9억 달러 수준이었으나 2005년 15.8억 달러, 2010년 34.7억 달러 등으로 꾸준히 증가했고, 2011년에는 56.3억 달러로 급증했고, 2013년에는 65.4억 달러를 기록했다. 특히 북한의 중국으로부터의 수입액은 지속적인 상승 추세를 유지해 오다가 2008년 들어서면서 20.3억 달러로 급증한 이후 현재까지도 30억 달러 이상을 유지하고 있다.

2014년 북중무역액이 공식적으로 발표되지는 않았지만, 미국의 자유아시아방송(RFA) 보도에 따르면, 북한의 최대 무역상대인 중국과의 2014년 교역 규모는 63억 6363만 달러로 전년대비 2.8% 감소했고, 이는 주로 석탄과 철광석 등 천연자원에 주로 의존해 온 북한의 중국에 대한 수출이 급감했기 때문인 것으로 나타났다.[2] 비록 2014년 북중무역액이 6년 만에 감소세를 보여주긴 했지만, 양국 간 경제협력의 기본적인 추세는 유지되고 있다고 할 수 있다.

북한 전체 무역에서 중국이 차지하는 비중은 2007년 73%, 2009년 79%, 2010년 83%로 점진적으로 증가했고, 남북교역액은 2007년 이후 감소 추세인 반면에 북중교역액은 2008년 이후 급증 추세를 보이고 있다. 특히 2010년 5·24조치 이후 북중교역액은 급증한 반면, 남북교역액은 급감하기 시작했다.

또한 2001년 '7·1 경제관리개선조치'와 함께 시작된 북한의 외자 유

**표 1** 북한의 대중국 수출입 현황

(단위 : 억 달러)

| 년도 | 수출 | | 수입 | |
|---|---|---|---|---|
| | 대외 | 대중국 | 대외 | 대중국 |
| 2000 | 5.6 | 0.4 | 14.1 | 4.5 |
| 2001 | 6.5 | 1.7 | 16.2 | 5.7 |
| 2002 | 7.4 | 2.7 | 15.3 | 4.7 |
| 2003 | 7.8 | 4.0 | 16.1 | 6.3 |
| 2004 | 10.2 | 5.9 | 18.4 | 8.0 |
| 2005 | 10.0 | 5.0 | 20.0 | 10.8 |
| 2006 | 9.5 | 4.7 | 20.5 | 12.3 |
| 2007 | 9.2 | 5.8 | 20.2 | 13.9 |
| 2008 | 11.3 | 7.5 | 26.9 | 20.3 |
| 2009 | 10.6 | 7.9 | 23.5 | 18.9 |
| 2010 | 15.1 | 11.9 | 26.6 | 22.8 |
| 2011 | 27.9 | 24.6 | 35.7 | 31.7 |
| 2012 | 28.8 | 24.9 | 39.3 | 35.3 |
| 2013 | - | 29.1 | - | 36.3 |

자료: 한국무역협회; KOTRA.

치 역시 2004년 중국의 해외진출전략(走出去)이 본격화되면서 급증했다. 2001년 26만 달러에 불과하던 중국의 대북한 투자는 2004년 1,400만 달러, 2008년 4,123만 달러, 2011년에는 5,595만 달러를 기록했다.

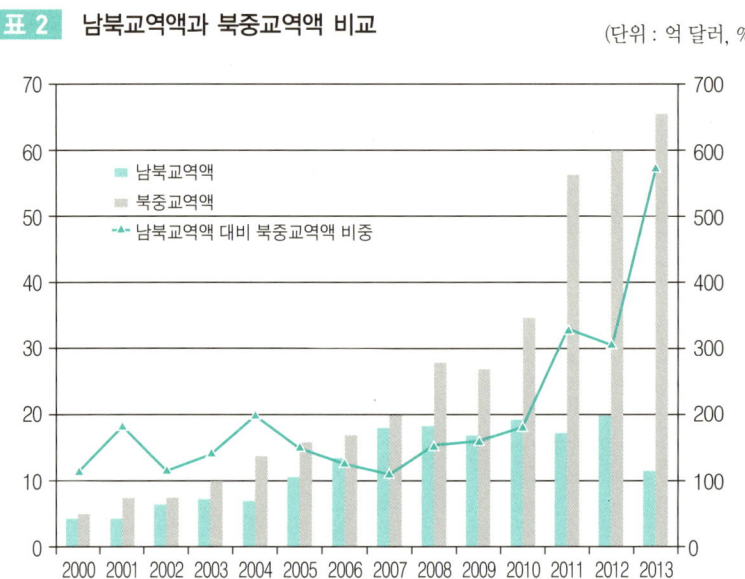

표 2  남북교역액과 북중교역액 비교                    (단위 : 억 달러, %)

자료: 한국무역협회; KOTRA.

## 02
## 북한이 중국과의 경제협력을 강화하는 이유는 무엇인가?

　북한이 중국과의 경제협력을 강화하는 이유는 크게 3가지이다. 첫째, 갈수록 악화되고 있는 경제난을 극복하기 위해서다. 북한경제는 1970년대 후반 빠르게 성장하여 한때 자체적으로 독자적인 산업시스템을 갖추었으며 농산품은 국내 수요의 충당을 넘어서 일부 수출까지 가능하였다. 그러나 1990년대 말 이른바 '고난의 행군'을 겪으면서 산업생산의 정체뿐만 아니라 심각한 식량 부족사태까지 발생하였다. 이와 같은 오랜 경제난을 타파하고자 북한은 대내외적으로 경제정책을 끊임없이 조정하였는 바, 2002년 7·1조치를 통해 북한의 경제개혁과 대외개방을 목표로 경제체제상의 변화를 시도하였다.[3] 7·1조치 이후의 북한의 대외경제 법규에 대한 일련의 개혁을 통해 상품경제 규칙에 따른 객관적 요구의 변화에 발맞추어 경제를 이끌면서 외자도입을 위한 투자 환경이 다소 개선되었고, 이에 따라 유럽·중동·일본·한국의 대북 투자가 이루어졌고, 중국의 투자 역시 활발해졌다. 그러나 북한경제의 불확실성으로 인해 대부분의 투자 프로젝트는 건당 자금 규모가 그다지 크지 않았다. 또한 시장경제 확산이 체제의 안정적 유지에 미칠 부정적 영향을 우려하는 북한 정부가 개혁개방에 미온적인 태도를 보이고 있어 빠른 경제회복의 가능성은 높지 않을 것으로 평가된다.[4]

 2009년 화폐개혁 실패 이후에도 북한은 경제상황 악화 국면을 타개하기 위해 중국(기업)의 지원을 필요로 했고, 특히 내부의 권력승계 문제와 같은 현안에 직면하여 전통적 '혈맹' 관계인 중국의 정치·경제적인 지지와 지원이 필요했다. 이러한 상황에서 북한 김정일 국방위원장은 2010년 5월과 8월에 전격적으로 중국을 방문하여 다롄(大連)의 항만시설과 톈진(天津)의 경제기술개발구(瀕海新區) 등을 방문했고, 후진타오 중국 국가주석을 비롯한 최고지도부와의 회담을 통해 중국의 대북 경제지원을 논의했다. 또한 북한의 경제난과 자연재해 발생 등에 대한 중국(기업)의 대규모 경제지원을 요청했다. 북한은 총체적인 경제난 극복과 안정적인 후계체제 구축 및 국제적인 핵보유를 인정받음으로써 2012년 강성대국 달성이라는 목표를 달성하기 위한 우호적인 국제환경 조성을 위해 대중관계의 강화가 필수적이라고 인식했다. 2011년 12월 김정일 사망과 2012년 김정은 체제 출범 이후 북한은 여전히 친중(親中)기조를 유지하고 있고, 체제적인 차원에서의 경제·사회적 어려움을 타개하기 위해 중국을 활용하고 있다. 2012년 8월에 장성택 국방위원회 부위원장은 중국을 방문하여 '제3차 개발 합작 연합지도위원회' 회의에 참석하여 나선 경제무역지대와 황금평 및 위화도 경제지대 공동개발을 협의하였고, 지린성(吉林省)과 랴오닝성(遙寧省)을 방문하여 지방정부의 대북 경제협력을 요청하기도 하였다. 다만 그동안 북중경협을 주도해 왔던 장성택이 최근 처형되면서, 현재까지는 북중경협 강화가 북한이 원하는 수준으로 이루어지지 않고 있는 것으로 보인다.

둘째, 북한이 처해 있는 외교적 고립 역시 북한의 대중국 의존도가 높아진 중요한 요인이다. 북한의 외교적 고립 탈피의 핵심 변수는 북미관계 개선이지만, 북한은 핵포기 의사가 전혀 없고, 미국 역시 북한에 대한 '전략적 인내' 정책을 지속하고 있는 상황에서 북미관계 개선 가능성은 높지 않고, 북한의 외교적 고립 탈피 역시 쉽지 않은 상황이다.

또한 북한이 최근 경제난 해결과 중국 의존도 탈피 및 국제적 고립 해소 등을 위해 일본과 러시아 등과의 접촉을 강화하기 시작했으나 성과가 크지 않았고, 남북관계의 장기 경색 국면이 지속되고 있다는 점에서 중국과의 협력관계 유지는 자신들의 근본이익에 부합한다. 특히 북한의 경제난은 기본적으로 '체제' 자체에서 기인하기 때문에, 어떠한 경제개선 조치라 할지라도 장기적인 효율성이 유지되려면 지속적인 투입이 필요하기 때문에 북한은 경제적 의존도가 압도적으로 높은 중국과의 경제적 협력 및 지원을 여전히 필요로 한다. 결국, 경제를 정상화하고 강성대국의 목표를 실현하고자 하는 북한은 외교적·경제적 고립 상태에 빠진 현재의 구도로는 정상적인 대외경제 정책을 추진할 수 없으며, 북한의 대중국 의존도가 급격히 증가할 수밖에 없는 환경을 만들었다.

셋째, 최근 남북관계의 경색 역시 북중 경제협력 강화의 중요한 배경으로 작용하고 있다. 김정은의 정권 승계 이후 북한 체제는 외관상 비교적 안정적으로 유지되고 있는 것으로 보이지만, 장기간의 경제난에 따른 주민들의 불만은 이미 매우 높은 수준에 달했다. 세 차례에 걸친 핵실험과 미사일 실험으로 국제사회의 경제제재도 계속되고 있으며 2010년 천안함 사건을 계기로 시행된 5·24조치, 개성공단 폐쇄 등으로 인해 남북경제협력 역시 거의 단절된 상황이다. 2008년 이명박 정부 출범 이후 대북 강경정책으로 남북관계 악화의 분위기 속에 금강산에서 관광객 피격사건이 발생하자 금강산 관광사업은 중단되었다. 개성공단 사업 또한 북한이 2008년 겨울부터 한국 정부에 압박조치를 위하면서 개성공단 통행 제한, 계약 파기 등의 위기적 상황을 초래하다가 2010년 천안함·연평도 사건의 발생 이후 공단 폐쇄라는 위기에 직면하기도 했다. 천안함 사건의 결과 발표 이후 한국은 5·24조치를 통해 개성공단을 제외한 남북교역 및 교류 중단을 선언하면서 남북관계가 거의 단절되었고 그 결과 북한의 대외경제 관계에서 중국에 대한 의존도는 더욱 심화되었다. 이를 반영하여 최근 북한 무역의 90% 정도가 중국과 이루어졌으며, 외부 투자의 90% 이상이 중국에 투자되고 있을 정도로 비정상적인 상황이 연출되고 있는 것이다.

## 김정은 정권기 북중경협의 지속과 확대

김정은 정권 출범 이후 북중 최고지도자 간 상호방문이 이루어지지 않는 등 정치 분야에서의 관계는 크게 진전되지 않고 있으나,[5] 2012년 들어 북한과 중국은 많은 분야에서 경제협력을 점진적으로 확대하기 시작했다. 예를 들면, 나진-훈춘(琿春) 간 고속도로 개통, 북중 접경지역에 국가급 변경경제합작구 건설 추진, 투먼시(圖們)에 북한 전용공업단지 조성,

북한 경제기술관료 1,000명 중국 파견, 나진항 50년 사용권 부여, 훈춘에 북·중·러 국제협력모델 지구 건설, 만포-지안(集安) 국경다리 공동 건설, 북한 노동자 4만 명 중국 파견 합의, 북한에 의한 중국 헤이룽장(黑龍江省) 유휴지 수십만 정보 경작 합의, 황금평·위화도 개발 교류 강화, 황금평·나선 관리위원회 출범 합의, 농업부문 협력 양해각서 교환, 북중 경제무역문화 박람회, 북한 IT산업 박사급 인력 5명 중국 파견 추진, 중국 국가전력망공사의 북한 나선지구에의 전력 공급문제, 평양 종합 자동차 생산 단지 조성, 북한 광물자원에 대한 투자 가속화 등이 있다. 관광산업 분야에서도 북중 국경에 접한 지린성이 적극적인 태도를 보이고 있으며, 북한은 중국 관광객이 무비자로 북한을 관광할 수 있게 하는 등 전향적인 조치를 통해 북중 간의 관광교류가 대폭 확대되고 있다. 2013년 1월에는 리진자오(李金早) 중국 상무부 부부장을 단장으로 한 경제대표단이 방북하여 북중 경제협력을 논의하기도 했다.

하지만 2013년 북한의 3차 핵실험 및 장성택 숙청 이후 북중 경제협력과 중국의 대북 지원은 갈수록 지지부진했고, 특히 중국 중앙정부 차원에서 추진되었던 대북경협은 대부분 취소되거나 답보상태에 있다. 2014년 7월 북중 우호조약 체결 53주년 기념행사와 10월 북중 수교 65주년 기념행사가 취소되었고, 북중경협의 상징인 신압록강대교의 연말 개통도 무산되었다. 현재 북중 지방정부 간 접경지역에서의 상업과 교역은 여전히 이루어지고 있으나, 중국의 대북 무역과 원조는 과거와 비교할 때 대폭 축소되었다.

결론적으로, 비록 북중관계는 최근 들어 소원해졌지만 북한이 보는 중국의 전략적 가치가 여전히 존재하고 동아시아의 지정학적 구도 역시 크게 변하지 않았다. 따라서 2015년 북한은 기존의 혈맹 수준까지는 아니더라도 자신의 전략적 이해관계를 기반으로 하여 다시 한 번 중국과의 관계 개선을 모색할 것이다. 왜냐하면 체제 내부적인 안정성을 추구하고 외교적인 고립에서 탈피하려는 김정은 정권의 입장에서는 중국과의 장기간의 경색 국면 지속은 역설적으로 중국의 전략적 중요성을 절감하도록 했기 때문이다. 특히 북한은 체제의 안정성 유지를 전제로 중국과의 경제협력을 확대하는 것은 물론 국제무대에서 중국의 지지와 협력을 극대화하기 위해 노력할 것이다.

---

1 이 글은 신종호(2013), 『북중 경제협력 심화와 한국의 대응』(수원: 경기개발연구원); 신종호(2015), "최근 북중관계 분석 및 2015년 전망," 『Online Series 15-02』(통일연구원) 등 내용을 수정·보완함.
2 "北 지난해 대중 교역 2.5% 감소 ⋯ 65.4억 달러," 『아시아경제』, 2015년 1월 30일.
3 7·1조치는 가격·임금·환율의 대폭적인 인상을 포함한 전반적인 가격 체계의 재조정, 계획의 분권화 및 기업 자율성 확대, 배급체계 개편, 무역의 분권화 확대 등 계획경제 내의 변화를 포함하고 있다. 7·1조치는 무엇보다 종합시장의 허용, 사회주의 물자교류시장의 도입, 기업에 대한 계획 외 경제활동 등의 시장메커니즘을 부분적으로 도입하여 제도화했다는 점에서 큰 의의를 갖는다.
4 북한의 경제발전과정에 관해서는, 만하이펑(2012), "북중관계 정립의 중요성," 『KDI북한경제리뷰』, p.65 참조.
5 김정은은 2012년 8월 후진타오 중국 국가주석의 특사로 북한을 방문한 왕자루이 중국공산당 대외연락부장을 면담하면서 외교무대에 공식 데뷔했다. 하지만 2013년 2월 3차 북핵 실험과 동년 12월 장성택 숙청 이후 북중 최고지도자 간 상호교류는 갈수록 횟수가 줄어들었다. 2013년 5월 최룡해가 김정은 특사로 중국을 방문하고, 동년 7월 리위엔차오 중국 국가부주석이 북한을 방문하여 김정은을 접견했으나, 이후에는 북중 고위급 상호방문이 전혀 이루어지지 않았다.

# 07. 북중무역은 왜 지속될 수밖에 없는가?[1]

정은이(경상대 사회과학연구원 연구교수)

    북중무역은 1990년 전후를 중심으로 구사회주의권 붕괴와 함께 부각을 나타냈으며, 2000년 이후 일본 및 한국을 비롯한 세계 각국의 대북경제제재 이후 무역액이 급격히 증가했다. 따라서 학계에서는 대중경제에 대한 지나친 의존을 우려하는 목소리도 나오고 있다. 바꿔 말하면 그 만큼 북한의 대외무역, 나아가 북한경제에서 대중무역의 중요성이 더해지고 있음을 의미한다. 이러한 배경 속에서 최근 북중무역에 관한 연구가 활발히 진행되었다. 그리고 이러한 연구 성과들의 축적을 바탕으로 북한연구는 북중무역의 장기추세와 구조적 변화, 나아가 북한 내부경제를 간접적으로 분석할 수 있는 수준에까지 도달하였다. 그러나 한편으로 이러한 연구업적은 무역총량, 총액, 상품별 분석 등에만 집중하고 있다. 거시적인 측면에서의 공식적인 북중무역 부분은 파악할 수 있으나 비공식적인 부분에서 북중무역의 영역을 밝히는 데는 한계가 있다. 특히 중국은 북한과 억사석으로 혈맹(血盟)관계에 있으며 접경이라는 특수한 지리적 입지에 놓여 있다. 바꿔 말하면 북중무역에서는 비공식영역이 상당부분을 차지하고 있고, 이는 공식영역을 활성화하는 데 크게 작용할 가능성이 높다. 이러한 문제의식에 기반하여 이 글은 '무역관행'에 착안하여 다음과 같은 세 가지 질문에 답하고자 한다. 첫째, 중앙이 아닌, 접경도시의 관점에서 본 북중무역의 동인(動因)은 무엇인가? 둘째, 무역주체의 관점에서 본 북중무역의 동인은 무엇인가? 셋째, 북중무역에서는 어떠한 관행들이 행해지고 있으며, 이러한 관행들은 북중무역의 활성화에 어떠한 영향을 미치는가? 이러한 세 가지 질문에 대한 답을 통해 이 글은 기존과는 다른 시각에서 북중무역 동인의 실체를 규명하고자 한다.

## 01

### 접경도시와 북중무역의 동인?

북중 접경지대는 이탈 주민만이 있는 한국과는 상황이 사뭇 다르다. 이곳은 한국인, 북한인, 중국인 간의 사람·정보·물건·돈 등이 매일같이 생명력을 가지고 역동적으로 흐른다. 특히 중국의 최대 접경도시 단동은 다양한 형태의 대북사업(무역, 선교, 원조, 정보활동 등)과 관련된 남한사람, 재중조선인, 중국인(한족), 북한 화교, 조교, 그리고 각국의 북한 관련 상인, 기자, 여행자 등이 함께 공존하고, 유기적으로 연계되어 있어 북한과 관련된 정보, 물건, 자금을 쉽게 접할 수 있다.

더욱이 북중 접경도시 간 무역은 대북 육로 변경(邊境)무역의 80% 이상을 차지하고 있다. 단동지역의 주민과 인터뷰하면, 중국의 한족조차 북한

사람과 무언가 경제적·사회적 연계를 형성하고 있으며, 그들의 입을 통해서 무역, 외화벌이라는 용어를 자연스럽게 들을 수 있다. 따라서 단동은 공간을 구성하는 복잡다단한 요소들이 한곳에 저장되어 있는 스톡(stock)과 같은 존재가 아니라 매일같이 역동적으로 변하고 움직이는 유동적인(flow) 공간이어서 비록 제한적이지만 북한에 대한 현지조사가 가능하다. 특히 중국은 약 17개국과 국경을 마주한다. 그중 단동은 요동성 남동쪽의 압록강 하구에 입지한 중국 최대의 국경도시로, 북쪽은 본계(本溪), 서쪽은 안산(鞍山) 및 잉코우(营口)와 접하고 있으며, 서남쪽은 따리옌(大連), 남쪽은 황하이(黃海), 동남부는 압록강(鴨綠江)과 접해 있어 해안선만 120km에 달한다.

그러나 무엇보다 단동은 북한과 마주하고 있다. 즉 북한의 2개 도와 1개의 시, 8개의 군과 접하고 있다. 뿐만 아니라 신의주와 강을 사이에 두고 마주하며, 관디옌현 후산(寬甸縣虎山) 및 안민(安民)은 육로로 북한과 접하고 있다. 더욱이 북한의 수도 평양과의 거리는 220km에 불과하다. 북중 국경선이 약 1,280km임을 감안하면 단동은 북한과 약 306km에 걸쳐 접해 있어 북중 국경의 약 1/4을 점한다.

그러므로 단동은 강, 바다, 국경이 함께 있는 3연(沿)의 개방도시면서 중국 최대의 북중 접경무역도시라고 할 수 있다. 우선 중국 단동을 방문한 외국인 중 북한 사람이 50% 전후를 차지한다는 사실을 통해서도 뒷받침된다. 1위가 한국, 2위가 북한이지만 둘 사이에 차이가 크게 없으며 특히 단동을 방문한 북한 사람들의 증가율이 최근 들어 더욱더 눈에 띄게 증가하고 있다.

무엇보다 북한의 대중무역의존도가 급상함에 따라서 북중무역에서 단동의 역할은 증대되고 있다. 중국의 대북 교역은 2000년대 들어 급부상하고 있으며 10년 사이에 무려 7배나 증가했다. 그런데 여기서 주목할 점은 북중무역이 주로 국경에 인접한 동북지역을 중심으로 이루어지고 있다는 사실이다. 이는 요녕성이 대북무역의 50% 전후를 차지한다는 사례만을 통해서도 알 수 있다. 2010년 단동의 무역총액은 30억 달러이며 그 중 북한과의 무역이 3분의 1 이상을 차지하는데 이는 중국 대북무역총액의 60%에 해당하는 규모다.

그러나 사실 단동과 북한과의 무역은 오래전부터 행해져 왔다. 청나라 광서 8년부터 시작된 북한과의 무역은 1882년 청 정부가 조선 등과의 국가통상무역을 위해 단동항을 개통하는 동시에 중강대(中江台; 丹東市丹東市九連城馬市) 및 북한의 란자도에 중조변경바터무역을 허용하면서 더욱 발전했다. 이후 단동의 경제발전과 양국 간 변경무역이 함께 성장하면서 1920년에서 1930년 사이에는 조선상인이 단동에 70개의 점포를 차리고 상행위를 하기도 했다. 신중국 성립 초기 이후, 중조쌍방변경무역은 한층 발전하였다.

그러나 당시 료녕성 정부가 아직 대외무역 혹은 변방무역기구를 설치하지 않아 조선과의 변경무역이 여전히 중국 성립 전의 방식으로 진행됐으며 1951년 한국전쟁으로 잠시 중단됐다. 그러다가 1958년 말 료녕성과 길림성 대표단이 조선소비반동조합중앙연맹대표단과 평양에서 우호협상을 맺고 '중조양국변경지방의 무화무역에 관한 협정서'에 사인을 하면서 1961년 초 정식으로 중조변경무역이 이루어졌다. 문화대혁명으로 양국의 변경무역이 중단되었으나 1981년 9월 국무원의 동의를 거쳐 중조무역이 회복되었다.

1988년 단동이 요동반도경제개방구에 합류된 이후 변경무역규모가 매년 증가했으며 특히 1990년대 이후 국가가 변경무역발전을 독려하는 일련의 우호정책을 제정함으로써 대북변경무역이 가속도로 발전했다. 1996년에 국무원이 변경무역우대정책을 발표하고 국가외경무부가 단동

부문기업대북한국경소액무역경영권을 부여한 이래 단동의 변경무역은 매년 25% 속도로 증가하고 있어 단동경제발전을 이끌고 있다.

또한 북중 접경지역에서 밀무역이 성행하고 있으나 중국 당국이 제지하기 어려운 상황이다. 밀무역은 일반적으로 비공식 루트뿐만 아니라 압록강 철교 등 공식 루트를 통해서도 많이 이루어지고 있다. 그러나 접경지역 관계자들은 북중무역의 70% 이상이 밀무역이라고 증언한다. 중국 당국이 이를 막게 되면 산업기반시설이 없는 접경지역 주민들의 대량실업이 예고되기 때문이다. 북한 고위층과 철저히 한 관계라고 할 수 있다.

그러므로 이러한 접경지대를 중심으로 본 북중 경제관계는 무역통계만을 통해서 해석하기 어려운 측면이 많으며, 접경지대라는 지리적 특수성이 북중 간 경제적으로 떼려야 뗄 수 없는 불가분의 관계로 만들고 있으며, 이러한 요소들이 북중무역을 활성화시키는 동인의 하나가 되고 있다.

**사진 1** 북중 접경도시 단동에서 본 북한의 신의주

출처: 필사 촬영(2013.8.)

사진 2    압록강 철교 아래에서 본 북한 군인

출처: 필자 촬영(2013.8.)

## 02
## 무역주체들과 북중무역의 동인?

상기 언급한 바와 같이 북중무역은 다양한 주체에 의해 행해지고 있다. 즉 중국의 대북무역은 일반무역뿐만 아니라 보따리무역, 밀무역, 중계무역, 위탁가공 및 투자 등 다양한 유형과 관행이 존재하고 있으며, 따라서 다양한 기업형태가 존재하고 있다. 뿐만 아니라 무역의 주체를 국적 및 민족별로 분류하면 중국한족, 중국조선족, 북한화교, 조교, 한국인 등이 있는데, 이들은 한국어를 매개로 하고 있다. 이들 각 집단에 따라서 무역의 형태와 관행에 차이를 보이고 있다.

먼저 중국의 대북민간무역은 1990년대 중반만 해도 북한과 연고를 가진 한정된 '소수자'를 중심으로 이루어졌으며 규모 또한 보따리나 밀무역 수준에서 크게 벗어나지 못했다. 그러나 한편으로 민간차원의 '맨투맨(man to man)' 방식으로 시작된 보따리무역은 오랜 기간 시행착오를 거치면서 연고자에게 대북무역과 관련된 정보, 인맥, 노하우 등을 마련하는 기반이 되었다. 실제로 1990년대 중후반 대북무역에서 한국인과 한족의 존재가 부각되기 시작했을 때 이들이 자본이나 기술 면에서 연고자에 비해 우위에 있다 해도 언어 등 대북무역장벽이 높아 쉽게 접근하지 못했다. 따라서 이들은 중국조선족, 북한화교 등 연고자를 직원으로 고용하거나 협력파트너로 삼았다. 이때 연고자는 단순한 통역에 그치지 않고 대북무역업자에게 인맥, 정보, 노하우 등을 제공하여 북한과 연결시켜 주는 가교역할을 했다.

한편, 1990년대 중반 이후 단동의 강과 바다에서 수상밀무역이 활성화되었으며, 이러한 무역에서 한족이 대북무역의 주체로 부각되었다. 반면에 1990년대 후반 한국인 대북사업가가 단동에 진출하면서 북중무역은 삼국무역이라는 새로운 형태로 진행되었다. 특히 한국인은 북한산을 한국으로 무관세로 반입시킬 수 있다는 제도적 특혜를 활용해 대북사업에서 우위를 점했다. 그러나 5·24조치 이후 남북간접무역에서 한국인에 대한 특혜가 없어지고 규제가 더욱 엄격해지면서, 그들의 존재가 거의 소멸되었다 할 정도로 숫자도 규모도 극감했다.

반면에 한족이 2000년대 중반 대규모 자본을 투입하는 방식으로 대북무역에 참여하면서, 한국인의 대북무역 루트를 장악해 나갔다. 즉 5·24조치로 인하여 한국인 대북무역상들이 몰락하고, 한족 기업인들에게는 북한 무역과 투자라는 처녀지를 개척할 수 있는 발판이 된 것이다. 특히 이들은 단순히 북한에 상품을 수출입하는 일반무역 형태가 아닌 대북무역파트너가 확보하고 있는 북한 당정군 내부의 외화벌이 생산기지까지도 직접 투자하는 기업 대 기업 형태로 발전하고 있다. 최근 10여 년간 중국의 대기업들이 대규모 자본을 이용하여 교량, 항만, 무산광산 등 인프라에 참여하고 있고, 대규모 적자를 보고 있다.

그러나 이러한 대규모 적자에도 불구하고, 정부의 방침에 따라서 지속적인 투자를 하고 있다. 심지어 중국 기업들은 북한의 부동산과 금융(두만강개발은행) 부문에까지도 투자를 하고 있다. 북중 접경지역 전역에는 투먼 국제개발단지와 같이 수천 명 규모의 북한 노동자를 직접 데려와 고용하는 사례도 증가하고 있다.

사진 3  북중 접경도시에서 흔히 볼 수 있는 평북 차

출처: 필자 촬영

# 03
## 무역관행과
## 북중무역의 동인?

　북한 무역회사는 중국 대방(對方, 중국회사 무역상대)을 통해 수출입이 이루어지지만 수입하는 상품뿐만 아니라 수출하는 상품도 특정 품목으로 전문화되어 있지 않은 것이 특징이다. 예를 들어 필자가 입수한 사업제안서에 따르면 A기관이 미꾸라지에서 개구리기름, 고사리, 석영, 이중섭 그림 등 농수산물에서 문화재, 광석에 이르기까지 다양한 품목을 수출품목으로 취급하고 있었다. 또한 문화재를 다루는 기관임에도 A기관은 석재가공기계의 수입까지도 문의하고 있었다.

　여기서 주목할 점은 북한 무역회사가 물건을 수출입할 때 제시하는 사업제안서는 굉장히 상세하지 못하다는 것이 대북무역관계자들의 증언이다. 그 이유는 무엇보다 북한에서의 수출품이 주로 광물, 수산물, 농수산품 등 1차 산품에 집중되어 있으며, 이는 중국에서 수요에 비해 공급이 적은 상품이어서 얼마든지 바이어를 찾을 수 있기 때문이라고 한다. 입수된 계약서를 보아도 전문화되어 있지 못하고 한 무역회사에서 취급하고 있는 상품이 여러 가지임을 알 수 있다. 이는 북한 무역회사가 수출을 할 때나 수입을 할 때는 언제나 갑의 위치에 있으려고 하기 때문이라고 한다.

　그러나 무역대표의 역할은 상품정보 수집, 계약서의 작성, 자금결제 등 임무도 중요하지만 무엇보다 좋은 대방을 찾아서 본국(소속기관)과 연결시켜 투자를 유치하는 것이다. 예를 들면 대북사업가 A의 경우, 처음에는 북한 무역대표부가 물건을 구입할 것처럼 가격 등을 문의하는 제안서를 보냈으나 마지막에는 해당 공장의 생산지표, 공장건물 등의 생산능력, 최종 생산물 이외에도 여기에 필요한 설비를 요구하는 생산합작제안서를 보내왔으며, 이를 투자할 중국 대방을 찾아달라는 문의였다. 즉, 단동에 나와 있는 많은 북한 무역대표들의 주 목적은 바로 북한의 공장기업소에 투자를 유치할 대방을 찾는 일이며, 본인이 속한 무역회사의 생산단위에 필요한 기계 등에 투자를 부탁하는 경우가 많다고 한다. 이러한 북중 무역연락은 최근에는 전자메일로도 할 수 있지만 대체로 팩스가 많이 사용되며 안전 등을 고려하여 인편을 통해서 많이 이루어진다.

중국의 대북무역업자에게 대북무역의 동기에 대해 물으면 대북무역은 상당히 매력적이라고 답한다. 북한 무역상은 신용장을 개설하지 않고 현금으로 물건을 대량으로 구입해 가기 때문에 리스크도 크지만 일만 잘 처리되면 많은 이윤을 남길 수 있으며 10번 중 한 번만 성사되어도 유지될 수 있다고 한다. 물론 그만큼 후불이 많아 리스크도 높다고 한다. 이때 북중무역에서 신용장을 개설하지 않는 이유는 대북 경제제재 등 여러 가지 제도적인 이유도 있겠으나 조사에 따르면, 무엇보다 북한 무역회사들이 거래금액을 공개적으로 처리하기를 꺼리기 때문이다. 만일 공개적으로 무역거래를 하게 된다면 무역행위자에게 떨어지는 이윤이 없기 때문이다. 특히 무역회사 이외에 상품을 수출할 수 있도록 도와준 제3자, 즉 국내 스폰서의 이윤이 없어지기 때문이라고 한다.

북중무역에서 현금결제가 대금결제의 한 형태로 관행화되어 있지만 현물거래도 적지 않게 조사되었다. 북한 무역회사가 중국에 상품을 수출하고 결제대금으로 해당 생산기업에 필요한 원자재, 자본재 등을 요구하는 경우도 있었지만 식량, 생필품 등 일상생활에 필요한 물자를 요구하는 경우도 많았다. 북한이 중국에서 물건을 수입하고 수입대금으로 석탄 등 광물로 대금을 지불하는 경우도 적지 않게 조사되었다. 90%가 현물거래라고 주장하는 대북무역업자도 있었다.

이와 같이 비공식적인 대금결제가 관행화되면서 이중장부를 쓰게 되며 중국에서 활동하는 무역대표부들은 돈을 벌 수 있는 공간이 생긴다. 예를 들어, 수산물 100톤을 중국에 판매하기로 되어 있다고 가정해 보자. 중국 회사와의 사전 협의하에 수산물 150톤을 넘기고는 100톤을 넘긴 것처럼 다운계약서를 쓰는 일은 매우 빈번하다. 또한 예를 들어 국가에서 엄격히 통제하는 광석 가격은 1톤당 1,000달러지만, 중국 회사에는 톤당 1,200달러로 넘기고는 1톤당 1,000달러로 넘긴 것처럼 계약서를 중국 측 회사의 동의하에 작성한다. 광석의 경우 1톤당 100~200달러만 가격차이가 나도 총액에서 엄청난 차익을 챙길 수 있다. 혹은 일을 성사시켜 준 대가로 차후에 중국 측의 회사가 무역지도원에게 사례비로 얼마의 돈을 챙겨 준다. 중국 회사의 입장에서는 북한과 무역거래만 성립되면 엄청난 이익을 얻을 수 있기 때문이다. 이와 같은 중간 수수료는 무역회사 지도원에게 많은 돈을 벌 수 있는 기회를 제공하는 반면 일련의 수행해야 할 과제도 많다. 역으로 북한 무역대표부들은 돈이 되는 것은 모두 다 중국에 와서 팔려고 한다.

따라서 이들 중계무역업자는 이윤을 얻을 수 있는 품목이라면 어떤 품목도 불법·합법을 고려하지 않고 중계해 주기 위해 최선을 다한다. 즉 외국에 나가 있는 무역지도원들은 중국 기업으로부터 많은 주문을 받아서 이를 북한의 현지 무역회사와 연결시켜 주고 수출 및 대금결제까지 성사시키는 역할을 한다. 이런 무역회사를 통해서 우리는 북한의 상거래 현황과 북중무역 관행을 이해할 수 있다.

이와 같이 북한 무역상들이 상품을 구입할 때에는 반드시 점조직과 같이 신뢰가 확보된 중국 무역회사를 통해서만 구입한다. 바꿔 말하면 북한 무역회사가 처음 중국에 나와 영업활동을 하기 위해서는 스폰서와 같이 이미 정해진 중국 무역회사가 법적으로 있어야만 한다. 이를 '대방'이라고 하는데, 이들 대방은 무역상들의 개인생활까지 보장해 주는 밀접한 관계에 있다. 계약서를 쓸 때에도 실질적인 계약서와 교환되는 현금이 다르다. 따라서 북한 무역상들은 어떠한 대방을 만나느냐에 따라 영업실적 및 자기의 이윤이 결정되기도 한다.

사진 4  단동 세관 주변 북한 대상 상점들

출처: 필자 촬영(2012.2.)

---

1 이 글은 정은이(2014), "중국의 대북한 무역에 관한 연구: 무역 관행과 행태 및 행위자의 변화 추세에 따른 역동성을 중심으로," 『통일문제연구』, 26권 2호의 일부 내용을 수정 보완함.

## 08. 북중 간 경협은 어떻게 이루어지고 있는가?[1]

박종철(경상대 교수)

 연이은 북한의 북핵실험 및 북중관계의 경색에 따라 국제사회는 중국 지도부가 김정은 체제에 대한 국제사회의 제재에 동참할 것인지에 관심을 기울이고 있다. 2014년 한국 언론에서도 중국 해관통계를 인용하여 중국의 대북 원유공급 중단 여부에 관한 논쟁이 벌어진 바 있다. 그러나 양국관계의 경색 및 장성택 숙청사건 이후에도 북중 간 경제협력은 여전히 안정적으로 지속되고 있는 것으로 나타나고 있다. 이에 이 글에서는 북중경협의 주요 인프라가 어떻게 구축되어 있는지 밝히고자 한다. 우선 북중경협의 핵심 전략 물품이 원유와 항공유 등 석유라는 점에 착안하여 중국이 북한에게 석유를 얼마나, 어떻게 제공해 왔는지 밝힌다. 다음으로 전기를 생산하기 위한 양국 간 수풍·수력 발전소 구축 현황을 소개하고, 마지막으로 북중무역의 중심지인 단동과 신의주 간 물류운송에서 중요한 역할을 담당하고 있는 중조우의교와 압록강대교를 살펴보고자 한다.

## 01

### 중국은 북한에게 석유를 얼마나 그리고 어떻게 제공해 왔는가?

고난의 행군 시기 중국은 대북 석유원조를 절반으로 급감시켰다. 하지만 2000년대 이후 연간 원유, 항공유, 가솔린 등 석유의 수출입량과 연간 북중무역량은 통계상 큰 변화가 없다. 2009년 제2차 핵실험과 2013년 제3차 핵실험 및 장성택 숙청 직후에도 중국의 대북 송유는 정상적으로 운용되고 있는 것이다.[2] 북중 갈등에도 불구하고 중국은 북한에게 석유에 대한 통제를 하고 있지 않다고 분석할 수 있다. 또한 필자의 탈북자 인터뷰에 의하면, 2010년대 이후 북한 내에서 개인의 주유소(비합법적인 유류 판매시설) 등 민영부문의 석유제품 거래가 증가하고 있다. 이러한 점에서도 중국 및 러시아의 대북 석유 수출 및 밀수출이 증가하고 있으며, 북한 경제가 회복되고 있다고 평가할 수 있다.

1954년 저우언라이 총리가 인도와 미얀마를 방문했을 때 발표한 공동성명에서 밝힌 평화공존 5원칙[3]에 의거하여, 1964년 1월 10일 저우언라이 총리는 '대외경제 원조 8개항 원칙'[4]을 발표했다. 표면적으로는 "중국은 대국으로서 가난하고 낙후된 국가들의 경제발전을 도울 의무가 있다."고 했지만, 중소분쟁을 배경으로 전략적 성격을 내포하고 있다. 즉 중소분쟁 과정에서 마오쩌둥은 국제사회에 제3세계라는 공간을 확보한다는 마오쩌둥의 중간지대론 또는 제3세계 전략에서의 원조의 중요성을 강조했고, 이는 덩샤오핑의 '국제경제 신질서'의 이론적 배경이 되었다.

중국의 대북 원유제공은 이러한 마오쩌둥의 혁명노선에 의거하여 실질적인 원조형태로 실시되었다. 1958년 이후 중소분쟁 상황에서 중국은 소련의 한국전쟁기 대중국 경제협력을 되갚기 위하여 무리한 대약진운동을 펼쳤고, 그로 인해 추정치 1,700만 명이 넘는 아사자가 발생하였다. 중국 정부는 이를 공식적으로 1959~61년의 3년 대기근으로 인한 자연재해라고 주장한다. 중소분쟁 상황에서 중국은 전략적으로 북한에 대한 경제협력을 지속적으로 실시하였다. 1960년 중국 정부는 김일성의 무리한 식량 요청을 받고 식량 23만 톤을 제공했다. 또한 1962년부터 원유, 완성유 등을 수출하기 시작했다.[5] 이는 실제로 무상원조의 성격이었다. 기밀 해제된 1965년 저우언라이 총리와 이주연 부수상 간 비밀회담 자료에 따르면, 이주연은 북한의 연간 석유소비량이 60~70만 톤이라고 설명하고 있다.[6]

문화대혁명 초기 북중관계가 급격히 악화되면서 중국의 대북한 경제협력과 원조도 급격히 축소되었다. 그러나 1971~72년, 중미 정상회담과 화해 국면에서 북중관계는 강화되었다. 또한 중국은 북한에 대한 배려정책의 일환으로 원유 등 전략물자 제공을 대폭 증가시켰다. 1970년 10월 저우언라이와 김일성은 평양에서 세 번째 장기무역협정(1971~76년)을 체결하였고, 북중 경제협력은 대폭 강화되었다. 1971년 무역액은 1970년보다 45% 증가되었다. 쌍방 무역액은 1.6845억 달러이다. 중국의 대북 원유 수출은 1971년 '중요물자상호공급협정(重要物資相互供給協定)'을 근거로 증가되었다. 이를 배경으로 1971년부터 1977년까지 중국은 북한에 매년 원유 60만 톤, 완성유 56~59만 톤 등을 제공하였다.[7] 이 시기 북한에 지원하는 석유는 중국 동북부의 다칭유전(大慶油田)에서 단둥(丹東)으로 연결된 송유관을 통해 북한에 제공된 것이다. 현재 북한의 주요 화력발전소에서 사용하는 원유는 대부분 중국으로부터의 수입에 의존하고 있다.

1975년 진황다오(秦皇島)에서 베이징까지 350km의 파이프라인이 완공되었다. 1975년 말에는 이 송유관에서 분기되어 북한 쪽을 향하는 '중조우의관(中朝友誼管)'이 완공되어 1976년 1월에 대경유전에서 단동을 거쳐 평안북도 피현까지의 통유(通油) 기념식을 북한에서 거행했다. 북중우호 시기 중국은 중조우의관을 통하여 매년 100~150만 톤의 석유를 북한에 공급하였다. 이는 당시 북한이 필요로 하는 석유의 약 30%를 충당할 수 있는 분량이었다.[8] 1970년 중조우의관의 건설과 동시에 중국은 평안북도 피현군 백마리에 원유정제시설을 원조해 주었다. 이는 총액 8,245만 위엔의 특별융자가 제공되었고, 1981년 완공되었다.[9]

고난의 행군 시기 1997년, 중국의 대북 석유공급은 40~50만 톤 정도로 감소되었다. 1970년대 말 중국・베트남 전쟁 시기에 중국은 전략적 목적하에 베트남 지원 원유를 북한으로 전용하여 대북 제공량을 증가시킨 적도 있다.

북한에 제공하는 원유의 저장시설은 단동 시내로부터 북동쪽 교외지역(丹東振兴区蛤蟆塘镇星光村)에 있다. 주요 시설은 동북송유관관리국(東北輸油管理局 中國友誼送水企業)이 관리하고 있는데, 주요 임무는 매년 국가의 원유수송 계획을 수행하는 것이다.[10] '중국송유관 단동송유가스지점'의 경우(2011년), 회사의 지사에 243명의 종업원이 있고, 산하에 1실(室)・6과(科)・5개의 하부단체(基层站队)가 있다. 여기서 1실은 판공실(당위원회 사무실)이며, 6과에는 인사과(당위위원회 조직부), 재무과, 경영계획과, 생산과, 송유관안전과(위생보안과), 당원과가 있다. 5개의 하부조직으로는 단동송유과, 압록강송유과, 수리대, 소방대와 공급소가 있다. 또한 광산구역서비스관리센터(矿区服务管理中心)와 단동양성기지 등의 부문도 있다.[11]

북중 송유설비의 설계도를 분석하면, 기름을 저장하는 관은 12만 평방미터로 직경 377mm와 219mm의 두 갈래 송유관이 2.9km이다. 그중

10.81km를 중국측이 관리하고 있다. 단동의 싱광촌에서 신의주 백마산(해발 136m)의 지하로 송유하고 있다. 설계 당시의 송유능력은 연간 최대 400만 톤으로 연간 완성유는 100만 톤, 원유는 300만 톤이 수송될 수 있도록 설계되었다.[12] 단동의 중유 비축시설에는 철도 노선이 연결되어 있어 화물차도 출입하고 있다. 다칭에서 단동까지의 송유관은 노후화되어 있다. 이 회사는 중국석유천연가스집단공사의 자회사이며, 송유관 건설을 담당하는 중국석유천연가스관공사(中國石油天然氣管道公司)의 홈페이지에는 북중 간 단동에서 맞은편의 북한을 연결하는 단거리 송유관만이 게재되어 있다.

평안남도 안주시 근교와 두만강 중류의 함경북도 훈계(訓戒) 서쪽 약 5km의 두 곳에 정유시설이 있다. 중국에서 운반된 원유는 거리가 가깝고 규모가 큰 안주시의 제유시설로 운반된다. 안주시의 제유시설에서는 이를 가솔린·디젤유 등으로 정유하며, 제유된 석유의 일부는 화력발전소에 이용된다. 1980년대까지 북한은 연간 250만 톤에서 100만 톤 정도의 원유와 석유제품을 수입했었다. 그중 100만 톤은 중국, 100만 톤은 구소련, 나머지 50만 톤은 중동에서 공급받았다. 소련이 붕괴되고 나서 러시아로부터의 수입은 이전과 비교하여 10%대로 급락했다. 1994년 북미 기본합의서에서 연간 50만 톤의 중유지원을 합의했지만 실행되지 않았다.[13]

2010년대에도 북한의 대중 수입 1위 품목은 전략물자인 원유, 항공유, 중유를 포함한 석유이다. 통일부에서 작성한 북한 대중 수입물자에서도 실증할 수 있다. 중국의 대북 원유 수출량은 1996년까지 연간 100만 톤을 초과했지만, 1997년 이후 40~50만 톤 정도에 머물렀다. 2010년 3억 2600만 달러(14.3%), 2011년 5억 1800만 달러(16.3%), 2012년 4억 6200만 달러(15.9%)로 비교적 일정한 수준을 유지하고 있다. 이와 더불어 외부에 공개하는 공식적인 석유 수출을 제외한 군부를 중심으로 한 비공개

표 1  북한의 대중국 수입 5대 품목

(단위 : 백만 달러, %)

| 순위 | 2010 | | | 2011 | | | 2012 | | | 2013 | | |
|---|---|---|---|---|---|---|---|---|---|---|---|---|
| | 품목 | 금액 | 비중 | 품목 | 금액 | 비중 | 품목 | 금액 | 비중 | 품목 | 금액 | 비중 |
| 1 | 원유 | 326 | 14.3 | 원유 | 518 | 16.3 | 원유 | 578 | 16.8 | 원유 | 462 | 15.9 |
| 2 | 항공유·휘발유 | 105 | 4.6 | 항공유·휘발유 | 192 | 6 | 항공유·휘발유 | 162 | 4.7 | 화물차 | 123 | 4.2 |
| 3 | 화물차 | 88 | 3.8 | 화물차 | 146 | 4.6 | 화물차 | 141 | 4.1 | 합성섬유 | 117 | 4 |
| 4 | 합성섬유 | 72 | 3.1 | 합성섬유 | 99 | 3.1 | 합성섬유 | 120 | 3.5 | 항공유·휘발유 | 79 | 2.7 |
| 5 | 통신기기(무선) | 63 | 2.7 | 비료 | 94 | 2.9 | 통신기기(무선) | 93 | 2.7 | 콩기름 | 68 | 2.3 |

출처: 통일부

적인 전략적 운용이 있을 것으로 분석이 된다.

　1997년 이후 중국의 대북 석유 수출의 급감은 북한의 '고난의 행군' 시기 산업이 많이 붕괴되면서 원유를 포함한 석유의 공급 필요성이 급감한 데 기인한다. 이후 석유 수요량이 증가되었음에도 불구하고 중국 측에서 제공을 줄인 것으로 분석할 수 있다. 중국의 대북 석유 제공은 대북 영향력 행사의 가장 중요한 (제재)수단이 되고 있다.[14] 중국의 대북 수출 원유가는 원조를 시작했을 때는 국제가격의 약 1/7에서 1/3 정도였는데, 1991년 이후 국제가격과 비슷하거나 혹은 조금 저렴한 정도로 공급하고 있다.[15]

## 02
# 북중경협에 쓰이는 주요 인프라는?

**첫째, 수풍수력발전소**

압록강과 두만강의 댐은 전력 발전, 홍수 방지, 관개, 해운 등을 종합하는 다목적 댐으로 개발되고 있다. 한국전쟁 이후 북한은 에너지문제를 해결하기 위하여 소규모 수력발전소를 대대적으로 건설했지만, 건설 및 시설관리의 문제로 인해 많은 발전소가 1960년대조차도 제대로 작동되지는 않고 있었다.

1960년대 전반 북한주재 동독대사관은 북한이 당시 에너지난, 전력난에 직면해 있었으며 주민들에겐 엄격한 전력 공급 제한조치가 도입됐다고 다음과 같이 지적하였다.

> "가장 긴급과제는 에너지공급 균형문제이다. 1960년대 중반 시점에 북한의 에너지 공급구조가 주로 수력발전에 치우쳐 있어 계절적 요인이나 날씨 변화의 위험에 노출되기 쉽다. 특히 1961년 봄과 같은 가뭄이 지속되는 시기가 가장 심각했다. 뿐만 아니라 발전설비 및 조명설비의 상태가 열악하였기 때문에 누전에 의한 전력낭비가 가장 심각한 문제이다. … 1968년 이미 극단적으로 적은 전기를 사용하고 있는 주민에게 추가적인 엄격한 절전·공급조치가 도입되었다."

이러한 전력난 등으로 화학·제철공장 가동률은 기존 용량의 50~60%만 가동할 수 있었다.

"1967년 봄, 강수량 부족에 의해 수력발전의 전기생산에 어려움을 초래하고 착오가 발생하였다. 전기생산의 부족으로 치금공업과 화학공업이 타격을 받아 기존 생산력의 50%밖에 생산 불가능했다. … 겨울뿐만 아니라 우기 7~8월 사이에도 강우량 부족에 의한 가뭄으로 강과 저수지의 수위가 극단적으로 낮게 되었으며 전기의 80%를 수력발전소에 의존하는 북한의 전력생산에 큰 피해를 가져다주어 1968년 상반기에는 화학공업 및 제철공업 가동률은 50~60%까지 떨어졌다. 예를 들면 북한 최대 화학비료공장인 함흥비료공장은 일시적으로 가동이 완전히 멈췄다."[16]

북한의 최대 수력발전소는 수풍발전소이며 이는 북중이 공동으로 운용관리하고 있다. 수풍발전소의 건설, 유지보수 과정과 운용 현황을 통하여 북중 간 에너지 교류와 북한의 산업현황을 이해할 수 있다.

압록강 수계에는 중국과 북한이 공동으로 운영하는 4개의 수력발전소가 있다. 수풍(水豊: 북중 공동관리, 1944년 건설), 운봉(雲峰: 북중 공동건설, 1970년), 태평만(太平灣, 1987년 건설), 위원(渭源: 1990년 건설) 수력발전소가 있다. 북·중 압록강수력발전회사가 이 4개의 발전소를 공동으로 운영하고 있다.[17]

수풍수력발전소는 1937년 9월 조선총독부와 만주국이 공동으로 출자하여 압록강수력발전주식회사를 설립하고, 제1기 공사를 착수하면서부터 시작되었다. 이때 낙차는 100m에 불과했지만, 유량이 풍부한 점을 이용했다.[18] 수풍수력발전소의 제1기 공정은 1937년 9월부터 1941년까지 4년간 당시 삭주군 구곡면 수풍동(신의주 상류 80km) 지점에 총 2억 원의 경비와 연인원 570만 명을 동원하여 1.7km 길이, 10m 너비의 댐을 구축했다. 수풍댐에 75만 톤(1,599만 부대)의 시멘트와 수만 톤의 철근을 사용했다. 당시 저수량은 345km²였고, 108m의 낙차를 이용했다. 1941년

제1호 발전기를 가동했고, 1944년 7월 제7호 발전기까지 설치되어 1기당 9만 kW씩 총 64만 kW의 전기를 생산했다.[19] 한국전쟁(1950~53년) 기간 미군은 공습을 하기도 하였다.

수풍수력발전소와 수풍댐은 만주국 시기 및 북한건국 이후 현재까지도 가장 중요한 산업시설 중 하나다. 수풍호수는 풍광이 아름다워 김일성 별장이 위치해 있었다.[20] 김일성 집권 시기 수풍별장은 북한지도부와 사회주의 각국의 지도자들과 대사들이 휴양 및 낚시를 하면서 회담을 하는 장소로 애용되었다.

기밀 해제된 소련의 한 문건에 의하면, 한국전쟁 이후 1953년 9월 19일 체결된 북한과 소련 사이의 원조협정에서 수풍댐의 재건과 수리는 매우 중요한 항목이었다. 이 협정에 의하면 당시 수풍댐에서 수리된 발전터빈은 총 6대로 1대당 10kW씩 60만 kW로 설계되었다. 즉 일제시기 1944년 발전터빈 1기당 발전량이 9kW였는데, 소련의 수리를 통하여 발전터빈 1기당 발전량이 10kW가 된 것이다. 한국전쟁 이후 소련의 원조와 수리에 의하여, 수풍수력발전소는 7개 터빈에서 70만 kW의 전기를 생산하고 있다. 수풍댐은 평북 삭주군 수풍리에 위치해 있다.

소련 자료에 의하면, 1950년대 이후 수풍댐 저수지의 저수량에 따라서 에너지 발전량의 편차가 상당했다. 그 이후에도 잦은 고장을 일으켜 소련 에너지공업부에서 전문가를 파견하여 수리한 바 있다. 북소 간에 수풍발전소 수리는 전후 복구를 위한 주요 원조항목이었고, 소련 정부는 수풍발전소 수리에 1954~55년 4,170만 루블, 1956~58년 880만 루블을 원조하였다.[21]

북·중 양국은 1955년 4월 17일 "압록강 수풍수력발전소에 관한 협정", 5월 7일 "압록강 수풍수력발전공사(發電公司)에 관한 의결서"를 체결하고,[22] 1955년 4월 제1호와 제4호 발전기는 중국 정부가 기증하였다.

1957년의 경우, 고장이 전혀 없었는데도 매일 43~45만 kW 정도 발전을 하였다. 1957년에는 1944년 수준을 회복했다.[23] 1958년 8월부터 터빈 7기가 모두 수리되어 가동되기 시작했다. 연간 약 36억 8천만 kW의 전력을 절반씩 분배하고 있다. 그러나 1959년 당시, 수풍댐 만수 시 높이가 122m인데, 수량에 따라서 터빈의 가동이 달라진다.[24] 1941년 완공 당시와 비교하면, 수풍댐 제방의 높이가 약 14m 높아졌다.

현재 북한은 중국에 단둥세관을 경유하여 수풍댐의 북한 측 발전량을 수출하고 있다. 수풍댐 관리비용은 각자 절반씩 부담하고 있다. 수풍발전소는 중국 측이 관리하고 있으며, 북한은 관리비(발전비용)를 현물(전력)로 지불하고 있다.[25]

2010년대 초반 이후 신의주 역 및 시내중심의 호텔, 시장 등의 야간경관이 좋아지는 것으로 보아서, 신의주의 물류중심지로서의 역할이 강화되고 있음을 추론할 수 있다. 냉전시기 신의주는 목재, 제지, 화장품 등의 경공업 중심지로서 단둥에 비하여 매우 발전된 도시였지만, 중국의 개혁개방, 그리고 김일성 시기 고난의 행군을 통하여, 경공업도시로서 신의주의 기능은 매우 축소되었고, 북한 최고의 무역도시로 성장하면서 평양, 평성과 중국 단둥을 연결하는 물류의 중심도시로 부상하게 되었다.

압록강에서 2번째로 건설된 댐은 운봉댐이다. 운봉(雲峯)수력발전소는 1959년 9월 건설을 시작하여, 1965년 3월 25일부터 저수를 시작했고, 1965년 9월 9일 4호기가 가동을 시작했다. 이때 중국 수리전력부 정명승(程明昇) 부부장과 조선전력공업부 이성옥(李成玉) 부상이 참석해서 개업식을 했다. 운봉댐은 1967년 4월 27일 완공되어, 발전량을 양국이 절반씩 분배하고 있다. 양국이 공동으로 3억 203만 8천 위엔을 투자했고, 총 발전량은 40만 kW이다. 댐의 설계건설은 북한 측이 담당했고, 인수계통(引水系統)과 발전소 본체는 중국 측이 설계건설을 했다. 발전소가 중국영

토에 위치하고 있어, 중국 측이 운영관리를 담당하고 있다.[26]

압록강에서 3번째로 건설된 댐은 위원댐(渭原, 老虎哨)이다. 위원수력발전소는 양국이 공동으로 1978년 착공을 시작하여, 1987년 완공되었고, 총발전량은 39만 kW이다. 길림성 집안현 노호소촌(吉林省集安县老虎哨村)과 자강도 위원군 위원읍 사이에 위치하고 있다.[27] 압록강에 4번째로 건설된 댐은 태평만(太平灣)댐이다. 태평만수력발전소는 양국이 공동으로 1982년에 건설을 시작하여 1987년 완공되었고, 총발전량은 19만 kW이다.[28]

### 둘째, 중조우의교

북·중 교류는 단교를 마주보고 나란히 설치돼 있는 압록강대교(중조우의교, 中朝友誼橋, 943m)를 통해 주로 이루어지고 있다. 현재 북중 육상 경제협력의 70~80% 정도는 중조우의교를 통과하고 있고, 중국의 대북 군사원조도 주로 이 대교를 통과하고 있다. 2014년 하반기에 신압록강대교가 완공되면서, 한때 중조우의교는 철도중심으로, 신압록강대교는 도로중심으로 재편될 것으로 전망되었으나, 북한 측의 남신의주와 룡천군의 인프라가 미비하여 개통이 지연되고 있다. 따라서 2015년 현재 북중 경제협력의 중심은 여전히 중조우의교이다. 중조우의교는 철도와 도로로 구성되어 있다. 이 대교는 단동의 도로 코우안(口岸: 대외통상구)으로 1955년 중조 쌍방의 협정을 거쳐 국가 1급 코우안(口岸)이 되었다. 당시 북중 사이에 제3국 인원이 통과할 수 있는 유일한 도로였다. 1966년 문화대혁명으로 통관이 중단되었다가 1970년대 후반부터 소규모 무역이 재개되었다. 1981년 세관이 회복되었고, 1983년 중조우의교를 통과하는 평양–

베이징 국제여객열차가 운행을 재개하였다.

연 출입국 국제여객은 20여만 명이고 도로는 하루에 평균 출입국 자동차가 330개, 철로는 연 화물물동량이 65만 톤이다. 이 교량은 폭이 좁아 차량과 기차가 일방통행(單線)일 뿐만 아니라 매우 노후화되어 있어, 중앙지점은 균열로 제한속도가 5km/h이다. 교량균열에 따라서 화물트럭마다 지탱수량은 30톤으로 제한하였다. 실제로 20톤 이상의 차량을 제한하고 있는데, 교량의 균열이 급증하는 물류와 여객의 이용에 걸림돌이 되고 있다. 고속화도로 전용의 신압록강대교가 개통되면, 중조우의교는 철도 전용으로 개편될 예정이다.

중조우의교의 경우 홀수 달과 짝수 달에 따라서 단동과 신의주 양측의 차량 중 먼저 건너오는 순서가 매달 바뀌며, 매일 2시간씩 교대로 일방통행 방식으로 차가 통과한다. 매일 2회씩 왕복하고 양국의 공무원이 파견되어 있다. 중국 및 제3국의 여행객 및 상인들이 대부분 이 다리를 경유하여 출입국하고 있다.[29]

화물운송량을 보면, 평균 20톤 트럭이 중국 쪽에서는 적을 때는 150대, 많을 때는 250대가 운행된다. 북한 쪽은 적을 때는 80대, 많을 때는 150대가 평균 다니고 있는 것으로 조사되었다.[30] 신의주에서 평양, 신의주 등으로 관광버스를 통한 여행이 진행되고 있는데, 이와 더불어 2014년부터 단동에서 신의주로 자가용을 이용한 관광이 시작되었다.

단동철도역은 선양철로국에 속해 있으며, 북쪽으로 선양과 연결된 선단선(선양-단동: 瀋陽-丹東鐵路綫)의 종점에 위치해 있다. 단동역은 북한철로와 연결되어 있으며, 특히 중국의 철도 코우안 중 가장 큰 철도역으로 중요한 대외통상구 중 하나이다.[31] 남쪽으로는 평안북도 신의주역과 연결되어 있으며, 신의주를 출발하여 평양-함흥(咸興)-라진(县津)이 전기철로로 연결된다. 단동역에서 시내중심부에 위치해 있고, 단동역에서 출발한 기차는 단동세관과 중조우의교를 통과해 신의주세관을 거쳐 신의주 중심부의 신의주역에 도착한다.

단동철도역은 평양과 베이징을 연결하는 역할을 하고 있다. 단동-신의주 철도를 이용하여 북한, 중국의 인민과 화물뿐만 아니라 제3국의 인원과 화물도 출입국할 수 있는 통로이다. 단동역에는 국제여객열차가 매주 8차례, 화물열차는 매일 20차례 운행된다. 기차의 경우, 기차간 하나에 60톤 정도의 화물을 적재할 수 있다.[32]

특히 단동은 동구 및 러시아에서 북한으로 가는 변경 화물열차가 모두 통과하는 중계지로서 중조인원 물류교류 왕래를 하는 제3국의 인원이 함께 조선의 주요 통로출입을 할 수 있다. 2015년 하반기 단동에 고속철이 연결되면, 현재 하루 평균 단동을 출발, 도착하는 열차가 28편이 될 것이라고 한다. 이와 더불어 신압록강대교가 완공되어 개통을 준비하고 있고, 단동역 확장공사가 진행 중에 있어서 향후 북한과의 인적·물적 교류도 증가될 것이다.

**표 2** 평양-베이징의 국제여객열차 시간표

|  | 출발 | 단동 경유시각 | 도착 | 여객 가격 |
|---|---|---|---|---|
| K27 (베이징) | 베이징역 월/목, 오후 5:30 | 화/금 오전 7:17 | 평양역 화/금, 오후 7:30 | 일반 침대(하) 1,067위엔 |
| K27 (평양) | 베이징역 수/토, 오후 5:30 | 목/일 오전 7:17 | 평양역 목/일, 오후 7:30 | 일반 침대(하) 1,122위엔 |
| K28 (베이징) | 평양역 수/토, 오전 10:10 | 수/토 오후 6:31 | 베이징역 목/일, 오전 8:31 | 일반 침대(하) 1,067위엔 |
| K28 (평양) | 평양역 월/목, 오전 10:10 | 월/목 오후 6:31 | 베이징역 화/금, 오전 8:31 | 일반 침대(하) 1,122위엔 |

출처: 중국철도여객서비스센터(中國鐵路客戶服務中心) http://www.12306.cn.(검색일: 2014년 12월 30일).

최근 10여 년간 중조우의교를 통과하는 관광버스를 이용하여, 단동에서 출발하는 신의주 및 북한 관광이 중국에서 상당한 인기를 누리고 있다. 중국 국가여유국(관광국)에 따르면 북한을 찾은 중국 관광객은 2010년 13만 1100명에서 2011년에는 19만 3900명으로 47.9% 증가했다.

단동시내에서는 신의주 1일 관광코스나 평양을 포함한 5일 관광코스를 홍보하는 전단지를 나눠주는 여행사를 흔히 볼 수 있다. 단동연감(2012년)에 의하면, 2011년 변경여행은 4만 5천 명으로 2010년 대비 50% 이상 증가하였다. 그중 당일 코스는 3만 명을 돌파하였다. 단동연감(2012년)에 의하면 여행성수기에는 400~500명이 북한 관광을 하고 있다고 한다. 단동에서 신의주 관광은 1988년 4월 1일부터 중국인에 한정해서 시작되었다. 또한 단동시 관광지 조성계획의 일환으로 1988년부터 압록강변에 여러 척의 관광선을 취항시키게 되었다. 1989년 12월 중국 측에서 평안북도 여행코스를 개발하면서 3일간 체류도 할 수 있게 되었다.

### 셋째, 압록강대교

중조우의교가 노후화되고, 철도와 도로 병용으로 북중 물류를 위하여 단동과 신의주 사이에 새로운 교량의 건설문제가 대두되었다. 현재 단동세관 근처의 경우, 통관을 위해 평안북도 혹은 료녕성 표지판을 단 대형 트럭이 몇 시간 동안 기다리는 정체현상을 빚고 있다. 따라서 새로운 교량 건설의 필요성이 2000년대 중반부터 대두되었다. 이 교량의 위치는 단동의 신개발구인 량터우(浪頭)와 남신의주, 용천(龍川)을 잇는 곳으로, 중조우의교에 비하여 평양과 중국 동북의 거리를 혁신적으로 가깝게 만들어 주는 것이다. 따라서 신압록강대교는 북중관계에 있어서 경제뿐만 아니라 군사, 안보, 정치 면에서도 지정학적 변화를 이끌 것으로 전망된다.

신압록강대교(중국명: 중조신압록강도로대교)는 단동시 신개발구 랑터우와 북한 남신의주와 용천을 연결한다. 이 대교는 황금평섬의 하류부분을 통과한다. 이 교량은 총연장 3,026m, 폭 33m이며, 왕복 4차로의 고속도로이다. 신압록강대교는 높이 140여m의 주탑 2기에서 비스듬히 드리운 여러 개의 케이블로 다리를 지탱하는 형태의 사장교(斜張橋)다. 사장교는 일반적으로 물의 흐름이 빠르고 수심이 깊은 곳에 놓는다. 신압록강대교의 양쪽 주탑 사이에는 교각이 없어 다리 밑으로 3천t급 선박이 지날 수 있다.

신압록강대교는 도로 통상구로만 이용되며 고속도로 수준의 속도로 통행이 가능하게 설계되어 있다. 따라서 단동세관 부근의 중조우의교는 왕복 2차선의 철도교량으로만 사용된다. 즉 단동시내 중심부의 도로통상구는 신압록강대교 쪽의 랑터우 신개발구로 이전하게 된다.

단동시의 신개발구는 면적이 38만m²에 달하고 있다. 북중 통상구 내에는 국경검문소, 세관(海關), 검역시설, 출입국 관리시설은 물론 업무용 빌딩과 호텔, 쇼핑센터, 주상복합 등의 건설계획의 목표가 대부분 달성되어 있다. 단동시 정부는 '신압록강대교와 새로운 도로통상구'가 원활하게 운영된다면, 1일 최대 차량 2만 대, 인원 5만 명의 통관능력을 목표로 하고 있으며, 향후 북중 육로 무역의 60%가량을 담당할 것이라고 홍보하고 있다.

2007년 초 북한을 방문한 우다웨이(武大偉) 당 외교부 부부장이 건설비 전액 부담을 전제로 신압록강대교 건설을 제안하면서 이 문제가 공식화되었다. 북중수교 60주년을 기념하여 2009년 10월 원자바오(溫家寶) 총리의 북한 방문 때 북한 측이 동의하였다. 2010년 2월 25일 중국 외교부 부장 비서 우하이룽(吴海龙)과 북한 외무성의 박길원(朴吉淵)은 단동시에서 만나서, '압록강의 도로대교의 공동 건설, 관리와 유지를 위한 중조 협정(中朝关于共同建设管理和维护鸭绿江界河公路大桥的协定)'을 체결하였고,[33] 2010년 12월 31일 착공식을 개최했다. 2011년 말 북한 김정일 국방위원장의 사망과 2013년 2월 북한의 3차 핵실험, 2013년 12월 장성택 숙청 등 북중관계의 극심한 갈등 국면에서도 신압록대교의 공사는 차질 없이 진행되었다.

신압록강대교는 신의주 중심부를 통과하지 않고, 룡천을 통하여 직접 평양으로 연결됨으로써 평양과 중국의 거리를 혁신적으로 가깝게 만드는 효과를 낼 것이다. 1911년 일제의 침략을 위하여 건설한 압록강대교는 한반도와 만주를 육로로 연결하면서, 양측의 지정학적 전략성을 더욱 증대시켰다. 이는 경제무역의 의미만이 아니라, 정치적 교류의 촉진과 더불어 조선과 만주 사이의 정치·군사적 개입을 단축시켰던 것이다. 이와 마찬가지로, 향후 단동과 신의주의 전략적 가치뿐만 아니라, 신압록강대교는 북중관계에서의 정치, 경제, 군사, 문화 면에서도 변화를 선도하는 인프라가 될 것으로 전망된다.[34]

---

1 이 글은 2014년 『한국동북아논총』에 발표한 "국경도시 단동과 북한 사이의 교류와 인프라에 대한 분석"을 수정 보완함.
2 예를 들어 2013년 2월 제3차 북핵실험 이후, 2월의 중국통계에서 대북 석유수출이 0으로 기록되어서 한국 언론에 중국의 대북제재에 대한 기사가 발표되었다. 그러나 2013년 3월 중국 통계에 석유가 다른 달보다 2배가량 증가되어 있었다.
3 첫째, 주권과 영토의 상호존중의 원칙, 둘째 상호 불침범의 원칙, 셋째 내정 불간섭의 원칙, 넷째 평등호혜, 다섯째 평화공존의 원칙이다.
4 중소대립 상황에서 저우언라이는 1963년 12월 14일~1964년 2월 4일, 아프리카 10개국(아랍연합, 알제리, 모로코, 튀니지아, 가나, 마리, 기니아, 수단, 에디오피아, 소말리아)를 방문했다. 그중 튀니지아와 에디오피아는 중화민국과 수교를 했었는데, 저우언라이의 방문 이후 중국인민공화국과 수교를 맺게 되었다. 1월 10일 가나에서 저우언라이는 "대외원조 8원칙"을 발표했다. 원조의 평등호혜원칙, 피원조국의 주권존중, 원조수입국의 부담을 매우 감소시키기 위한 필요성에 따라서 상환기간의 연장, 자력갱생노선으로의 경제건설의 실현 등이

며, 이 원칙은 여전히 현재 중국의 대외원조의 원칙이 되고 있다.
5 当代中国対外貿易(上), 当代中国出版社, 1992年, pp.300-301.
6 중국외교부 당안관 106-01476-05. "주은래 총리와 조선 이주연 부총리의 첫 번째 회담기록"(1965년 11월 10일 오후 4시부터 7시 35분, 조어대호텔 회의실).
7 当代中国対外貿易(上), 当代中国出版社, 1992年, p.301. 중국은 1950~60년대에 북한에 제공한 차관의 미결제분을 면제해 주었다.
8 五味洋治, 『中国は北朝鮮を止められるか』(일본: 晩聲社, 2010).
9 遼寧省地方誌編纂委員会弁公室主編, 『遼寧省誌』 대외경제무역지(瀋陽, 遼寧民族出版社, 2003), p.447; 堀田幸裕, "中朝関係の緊密化とその突態", 『北朝鮮体制への多層的アプローチ: 政治・經濟・外交・社會』(日本国際問題研究所, 2011), p.62에서 재인용. 피현정유소 시설의 처리능력이 150~200만 톤이라는 주장 등 다양하다. 필자와 탈북자 P씨와의 인터뷰(2014년 10월 15일)에 의하면, 피현군 백마정유공장은 중국의 원조로 건설되었지만 노후화되었다고 한다. 또한 평양에 유류를 공급하는 안주군 남흥화학공장(청천강 하구)은 1970년대 프랑스 설비가 도입되었지만, 첨단설비에 따른 유지보수가 문제가 많다고 한다. 나선지구의 승리화학의 경우 2009년 가동이 중단되었다고 한다. 선봉항에 러시아 설비로 유류가 공급되고 있으며, 일제시기부터 흥남지역 등에 공장용 소규모 저유고가 많이 있었다고 한다. 현재 북한에 개인이 소유하는 소규모 저유고의 거래 및 합영주유회사의 건설이 증가하고 있다고 한다.
10 고미 기자에 의하면, 이 회사는 '중조우의수출석유가스공사(中朝友誼輸出油氣公司)'라는 간판이 있고, 이 회사의 모회사인 '중국석유천연가스집단공사(中國石油天然氣集体公司, CNPC)'의 로고도 같이 표기되어 있다. 중조우의수출석유가스공사는 '송유관단동수출석유가스공사(管道丹東輸油 分公司)'로 개명했다. 홈페이지에 의하면, 2002년 8월 설립되었고, 임직원은 103명으로 소개되고 있다. 그리고 홈페이지에는 연락처가 게재되어 있고, 사전 연락을 통하여 시설관람이 많은 참관을 할 수 있다는 내용도 게재되어 있다고 한다. http://www.11467.com/dandong/co/45142.htm(검색일: 2014년 5월 20일). 현재 명칭은 중국송유관단동송유가스지사(中國石油管道丹東輸油氣分公司)이다. 五味洋治, 『中國は北朝鮮を止められるか』(일본: 晩聲社, 2010).
11 丹東市地方誌辦公室編, 『丹東年鑑』(瀋陽出版社, 2012), p.238. 단동연감과 고미 기자가 홈페이지를 통해 분석한 내용을 비교하면, 2002년에 비하여 2011년의 직원수가 2배 정도의 차이가 있다. 이는 이 기구의 조직이 확대되었을 가능성도 있지만, 하부 조직을 포함한 직원수에 대한 집계방법 등의 통계상의 문제일 가능성이 있다.
12 中國石油天然氣股份有限公司官道分公司, 2001.
13 五味洋治, 『中國は北朝鮮を止められるか』(일본: 晩聲社, 2010).
14 중국의 대북한 원유 제재에 대하여, 송유관은 일단 중단을 하면 재가동을 위하여 많은 비용이 든다는 점에서 여러 논쟁이 있다. 또한 중국의 송유관 및 피현군 봉화화학공장과 안주 남흥화학공장의 노후화로 인하여, 북중 원유공급이 제한되고 있다는 논쟁도 있다.
15 중국 정부와 북한은 원유, 식량, 무기와 같은 전략물자를 주로 단동을 통하여 교역하고 있다. 원유의 경우, 란티엔기업을 경유하여 약 50만 톤(약 3억 5천만 달러 상당)을 제공하고 있다는 논쟁이 진행되고 있다.
16 조선민주주의인민공화국 주재 독일민주공화국 대사관, "1968년 북한의 경제발전에 관한 정보," 평양: 1969년 2월 6일, 『독일지역북한기밀문서집』(선인출판사, 2006).
17 中共丹東市直屬機關工作委員會, 『丹東市情概況』(中共丹東市直屬機關工作委員會出版, 2008).
18 일제시기 1911~44년 총 4차례 수력조사를 하였다. 압록강의 경우, 다음과 같다. 제1회 포

장수력(包藏水力) 1920년 조사표에 의하면, 33개 지점 373,000kW, 제2회 1940년 조사표에 의하면, 17개 지점 1,911,200kW, 제3회 1944년 조사표에 의하면, 18개 지점 2,447,030kW였다.

19 평안북도지 편찬위원회, 『평안북도지』(서울: 대한공론사, 1973), p.389; 原田淸司, 『水豊發電所工事大觀』(土建文化社, 1942).

20 이 별장은 현재의 행정구역은 평안북도 창성군에 위치하고 있으며, 현재 김일성의 옛날 집(金日成 故居)으로 표시되고 있다. 관뎬현 칭수이(淸水) 허커우(河口)에 가면 관광 유람선들이 관광객들을 위하여, 한국전쟁 당시 파괴된 허커우 단교와 마오안잉 동상과 더불어 김일성 별장 앞까지 안내하고 있다. 수풍호수의 관광 유람선을 타면, 북한 측의 '위대한 김일성-김정일주의 만세'와 '위대한 령도자 김정은 동지 만세' 등의 구호가 선명하게 보인다.

21 코발(K. Koval)이 브레즈네프에게 보낸 서신: 부록 – 조선과 체결한 협정에 근거하여 소련의 조선의 공업기업의 재건공작에 대한 원조제공에 관하여, 조선 53-56, РГАНИ, Ф.5, о п.28, д.412, л.152-184.

22 吉林省地方誌編纂委員会編纂, 『吉林省誌』 卷十八 水利誌 (長春: 吉林人民出版社, 1996), pp.525-528; 堀田幸裕, "中朝關係の緊密化とその突態," 『北朝鮮体制への多層的アプローチ: 政治・經濟・外交・社會』(日本國際問題硏究所, 2011), p.73에서 재인용.

23 А. Барабанов(바라바노프)가 Пономаренв(포노마레노프) П.Н.에게 보낸 서신: 조선민주주의인민공화국 5개년 계획의 자료에 관하여(1955년 5월 8일), РГАНИ, Ф.5, о п.28, д.315, л.1. 조선 53-56; Н. 페더린이 И. 비노그라도프에게 보낸 서신: 소련과 북한의 협의의 집행상황에 관하여(1956년 9월 29일), РГАНИ, Ф.5, о п.28, д.412, л.307-327, 조선 53-56.

24 푸자노프의 일기(1959년 1월), АВПРФ, ф.0102, о п.14, д.6, л.1-25, 조선 57-60. 1959년 1월 평양 주재 푸자노프 대사는 김일성의 초청으로 김일성의 수풍호 별장을 방문했는데, 당시 수풍댐은 수풍호수의 수위가 낮아서, 7기의 터빈중 4기만 가동되고 있다고 보고했다. 푸자노프의 일기(1959년 7월 20일), АВПРФ, ф.0102, о п.14, д.6, л.154-185, 조선 57-60. 1959년 7월 20일, 푸자노프 대사와 국가계획위원회 위원장 이종옥과의 대화에 의하면, 7월의 수위가 상승하면서 90m에서 104m로 상승했다고 한다. 4월의 경우, 압록강변의 눈이 녹으면서, 수위가 최대치 122m가 된다. 1948년 소련 정부의 보고서에 의하면, 1948년 수풍댐 최고수위가 106m이다. 또한 1959년 푸자노프 일기에 의하면, 수풍댐의 수위가 122m로 상승했다.

25 창바이현의 발전소의 경우, 중국 측에서 북한으로 전력을 수출하고 있다.

26 吉林省地方誌編纂委員会編纂, 『吉林省誌』 卷十八 水利誌 (長春: 吉林人民出版社, 1996) pp.525-528; 堀田幸裕, "中朝關係の緊密化とその突態," 『北朝鮮体制への多層的アプローチ: 政治・經濟・外交・社會』(日本國際問題硏究所, 2011), p.73에서 재인용.

27 「渭源水電站」〈http://www.waterpub.com.cn/JHDB/DetailDam.asp?ID=67〉中國水利水電出版社水電知識網 (검색일: 2015년 7월 1일).

28 遼寧省地方誌編纂委員会弁公室主編, 『遼寧省誌』 電力工業誌, p.40; 堀田幸裕, "中朝關係の緊密化とその突態," 『北朝鮮体制への多層的アプローチ: 政治・經濟・外交・社會』(日本國際問題硏究所, 2011), p.73에서 재인용.

29 필자의 단둥 코우안 조사에 따르면, 홀수 달은 예를 들면 2013년 9월이면 중국 차량이 먼저 신의주로 건너가고, 짝수 달은 북한 차가 먼저 단둥으로 건너왔다. 오전 9시경 단둥에서 신의주로 트럭들이 건너가고, 11시 반 경 신의주에서 단둥으로 건너왔다.

30 이는 세관조사원 인터뷰(2013.8.12.)에 의한 내용이다. 필자의 조사에 따르면 일년 중 통행량이 가장 많은 2014년 추석 직전, 중국 측에서는 트럭이 약 250대가 통과했으며 북한 측의

트럭은 약 150대가 통과한 것으로 조사되었다.
31 선단선(沈丹線)의 총연장은 274km이다. 叶劍, 『中国口岸通覽』, 经济管理出版社, 1996, pp. 125-127.
32 필자의 인터뷰에 의하면, 중국철도여객서비스센터의 홈페이지에 게재한 〈표 2〉 평양-베이징의 국제여객열차 시간표와 달리 다음과 같이 설명하고 있어, 국제여객열차의 시간이 다소 차이가 있는 것으로 보인다. 중국 시간 오전 10시 단동역을 출발해, 신의주에서 정차, 입국, 통관 절차를 거쳐 평양에 북한 시간 오후 4시 30분 도착한다. 반대로 오전 10시 평양을 출발해 오후 4시 30분 단동에 도착하고 있다. 매일 평균 100여 명의 승객이 이용하고 있다. 국제여객용 기차의 경우, 2014년 증편되어 매일 운행되고 있다.
33 이 협정에서 중국 측이 건설비 전액을 부담하기로 합의하였다.
34 경제적으로 유통혁신, 정치사회적으로 인원의 급격한 교류증대를 가져올 것이다. 이와 더불어 급변사태가 있다면, 심양군구와 평양 사이의 거리가 급격히 단축된다는 것을 의미한다. 따라서 신압록강대교의 경우 모든 비용을 중국 측에서 부담한 것은 중국 측에서 북한을 전략적 자산으로 간주하고, 더불어 향후에도 북한을 관리하겠다는 의미로 해석된다.

## 09. 5·24조치는 북중경협에 어떤 영향을 미쳤는가?[1]

정은이 (경상대 사회과학연구원 연구교수)

    5·24조치의 효과는 한마디로 단정하기 어렵다. 그 원인 중 하나가 남북교역에 참여하는 주체가 다양한 만큼 대북경제 제재조치에 대한 각 주체들의 '비용'과 '편익'이 상이하게 나타나기 때문이다. 그러나 학계에서는 5·24조치를 논할 때 북한에 집중한 나머지, 북한을 제외한 나머지 주체에 대한 제재의 파급효과 및 이를 포함한 포괄적 논의는 소홀히 하는 경향이 있다. 특히 남북무역과 북중무역은 별개로 이루어지는 분리적 차원에서 논의되는 경향이 있다. 따라서 5·24조치를 논할 때 중국이 기존의 한국이 했던 역할을 대신할 수 있는지에 초점이 맞추어지곤 한다. 그러나 남북교역은 그동안 적지 않은 부문에서 중국을 경유한 삼각무역의 형태로 이루어져 왔다. 북한산 면세조치로 인해 중국산조차 북한산으로 둔갑해 한국에 반입된 사례도 적지 않다. 더욱이 중국을 경유한 북한산 광물은 중국산으로 유입되어 남북교역의 통계에 잘 반영되지도 않는다. 그러나 무엇보다 중국을 경유하는 남북교역의 형태가 생긴 원인은 다음과 같다. 2000년 이후부터 남북 직교역이 가능하게 되었지만 이는 어디

까시나 통항(通航)·통우(通郵)·통상(通商) 등 삼통(三通)이 제한된 직교역이었으므로, 남북교역 참여자는 원활한 소통을 위해서라도 중국이라는 중계지가 불가피했던 것이다.

그러므로 이 글에서는 남북교역의 주체를 한국과 북한뿐 아니라 중국도 포함시키고, 5·24조치 이전과 이후 남북교역 각 주체의 편익과 비용에 각각 어떠한 변화가 초래되었는지를 분석하고자 한다. 즉 5·24조치 이전과 이후 남북무역과 북중무역 간의 관계를 각각 살펴봄으로써 5·24조치가 북중경협에 미친 영향을 포괄적으로 설명하고, 그것이 우리에게 의미하는 바를 살펴보려는 것이다.

## 01
## 5·24조치 이전 남북무역과 북중무역의 관계?

남북교역은 2000년을 기점으로 직교역이 가능했지만 현실적으로 중국을 경유하는 또 다른 무역형태인 한·중·북 삼국무역이 파생되었다. 이것의 동인은 한국인 대북무역주체의 '편익(benefit)'과 '비용(cost)' 측면에서 다음과 같이 정리할 수 있다.

첫째, 남북 직항로가 개통되어 남북을 왕래하는 배가 생겼으나 이는 비정기선이어서 무역업자에게 큰 편의를 제공하지 못했다. 물론 남북 직항로가 개통되면서 통일부의 허가하에 업자가 개별적 용선(傭船)이 가능했다. 하지만 이는 석탄·철강 등 한꺼번에 많은 양의 물류를 수송할 때 효율적이지 컨테이너와 같은 적은 양의 물류를 운송할 때는 비용이 효용을 초과해 큰 의미가 없었다.

둘째, 무엇보다 대북업자가 남북 직항로의 이용을 꺼리는 큰 이유는 바로 비용(cost)에 있었다. 즉 남북 직항로는 한 개 회사가 독점하는 구조로, 이용료가 고가여서 오히려 물류가 중국을 경유할 때 드는 수속비·보관비·운반비 등 모든 중계비용을 초과했다. 반면에 중국은 북한과 한국 양측 모두 통과 가능한 운송수단의 확보가 용이하며, 중국을 경유해도 삼국무역으로 간주되어 중국 내 관세가 발생하지 않았다.

셋째, 이와 더불어 한국의 북한산 면세조치는 중국인의 대북무역 참여를 강하게 촉진시켰다. 중국인이 자국 내로 북한산을 수입하면 관세와 부가가치세(增值稅) 등 세금이 이중으로 발생하며, 이는 곧 수입원가 상승으로 이어져 대북수입의 동기가 낮아지게 된다.[2] 반면 중국을 경유해 한국으로 반입할 시 이는 중국에서 중계무역으로 간주되어 세금이 발생하지 않을 뿐 아니라 한국에서는 면세가 된다. 무역업자는 관세장벽이 없는 역내교역과도 같은 효과를 얻는 것이다. 이는 특히 관세면제 혜택이 큰 품목일수록 즉 고율의 관세 품목일수록 중국이 아닌 한국으로 반입하려는 유인을 강하게 형성한다. 실제로 5·24조치 이전만 해도 북한화교 및 조선족, 한족 등이 한국인 대북사업가를 도와 남북무역에 참여했으며, 중국산조차 북한산으로 둔갑하여 한국으로 반입된 사례가 많았다.

넷째, 통일부의 신고절차 및 민경련(민족경제협력연합회)의 관료주의는 남북교역에 드는 시간과 비용 손실을 초래한다. 한국인 대북무역업자는 중계수수료를 지불하더라도 중국을 경유하는 편이 시간과 비용을 절약할 수 있다. 특히 남북교역에서 면세의 영향력 밖에 있는 품목은 원산지(북한산)와 상관없이 적용세율이 같으므로 무역업자가 굳이 추가비용을 들여가면서까지 북한산을 증명할 필요가 없었다. 대표적으로 정광이나 광물 등 지히지원은 원산지와 상관없이 일반적으로 어느 국가든 낮은 세율을 적용하므로 원산지 증명은 큰 의미가 없었다. 실제로 남북교역 통계에서 대북 광물수입은 극히 적은 비중을 차지하는데[3] 그 이유는 인터뷰 결과 남북 간 광물교역이 발생하지 않아서가 아니라 통계에 누락되었을 가능성이 더 큰 것으로 나타났다. 즉 수입업자가 시간절약 및 수속의 편의를 위해 북한에서 중국으로 석탄이 들어올 때 원산지를 중국산으로 신고하고 한국으로 반입했기 때문이다. 한편, 남북교역에서 면세제도에도 불구하고 제외품목이 있다. 예를 들어 고율의 세율이 적용되는 품목이다. 이 경우 원산지와 상관없이 한국으로 반입될 때도 적용되는 세율이 같아 무역업자는 북한산으로 증명할 동기가 사라진다. 오히려 북한산이라는 원산지 증명을 위해 비용과 시간만 낭비될 뿐이다. 따라서 북한산 원산지 증명절차를 생략하고 그대로 중국산으로 들어와 남북교역 통계에서 누락되었을 가능성이 높다.

다섯째, 무엇보다 중국을 경유하는 남북교역이 증가하는 근본 이유는 통신, 통행, 통금이 하나의 큰 장벽으로 작용했기 때문이다. 무역업자는 삼통의 편의(便宜)를 제공하는 제3의 공간이 절실히 필요했으며 이때 지리적으로 가까우면서 한국과 북한 모두 교역이 가능한 중국을 배후지로 선정하게 된다.

상기 언급한 편익에 의해 중국에 거점을 두고 북한과 무역을 시작한 한국인 기업군이 등장했다. 현지조사 결과, 이들은 일반교역에서 위탁가공에 이르기까지 다양한 부문에 진출했으며 취급 품목 또한 다양했다. 즉, 일반 교역부문에서는 수산물, 농산물, 광물 외에 홈쇼핑 제품에 이르기까지 모든 품목을 망라했다.[4] 위탁가공 또한 복장·수산물·전기분야를 중심으로 중국 현지에 공장을 세우고 북한에 가공을 위탁하는 단순가공 위탁에서 중국 현지공장에서 북한 노동자를 고용해 생산한 상품을 제3국으로 다시 수출하거나, 북한에 직접 설비와 자본을 가지고 들어가 현지 노동력과 토지를 활용해 공장을 세우고 상품을 생산하여 중국을 거쳐 제3국으로 수출하는 대북투자기업군에 이르기까지 다양한 형태로 나타났다. 특히 북한 현지투자 기업은 개성을 제외한 평양, 신의주, 남포 등 북한 전역으로 진출했다 하여 개성공단과 대비되는 개념으로 '내륙기업(內陸企業)'이라 불렸다.

그런데 중국 현지조사 결과, 내륙기업은 단순히 투자지역에만 국한하지 않고 다양한 측면에서 개성공단과 차별화되었다. 이는 다음과 같은 네 가지 측면에서 요약·정리할 수 있다.

첫째, 내륙기업은 대북투자에서 개성공단에 비해 고정비용이 상대적으로 낮다. 개성공단은 초창기 임금을 미화 50달러로 책정해 인건비가 상대적으로 덜 드는 반면, 국가 대 국가의 투자인 만큼 정형화된 틀에서 정식계약에 의해 체결·운영되므로 기본투자 항목이 많으며 이는 곧 입주기업의 부담으로 전가된다. 물론 개성공단의 입주기업은 고정투자 비용의 상당 부분을 경협자금에 의해 지원받았으며 초창기 설비가 들어갔을 때도 많게는 80%까지 지원받기도 했다. 문제는 이는 언젠가 상환해야 할 부채이므로 상품원가에 그대로 반영될 수밖에 없다는 것이다. 실제로 5·24조치 이전만 해도 개성공단의 위탁 가공비는 상대적으로 고정투자 비용이 적은 내륙기업에 비해 비싸 외부 오더가 내륙기업에 집중되었다. 바꿔 말하면 높은 고정투자 비용은 개성공단의 경쟁력을 떨어뜨리는 요인이 된다. 반면 내륙기업은 개성공단에서 배제된 대북기업군이다. 즉 국가지원 없이 순전히 기업 스스로의 자금조달 능력에 의해 스스로 대북투자 루트를 개발한 일종의 개척기업이다. 따라서 하드예산 제약에 의해 공식과 비공식 제도가 혼재된 상황에서 운영되어 어느 정도 북한 측과 상의하여 고정비용을 절감할 여지가 높았다. 특히 내륙기업의 진출 분야는 저비용 투자가 가능한 신발·복장 등 노동집약 분야로, 투자비용의 상환은 가공비에서 조금씩 차감하는 방식을 취했는데, 이는 일반적으로 1~2년 안에 상환 가능한 극히 안정적 수준이었다. 물론 무상으로 북한에 투자한 기업도 있었으나, 이 경우 북한에서는 투자기업의 공덕을 인정해 투자자의 공장과 같은 대우를 해 주었으며, 따라서 가공비 또한 30~40% 정도 하향조정이 가능하여 실제로 투자자금을 전부 상환하는 것과 같은 효과를 얻었다.[5] 뿐만 아니라 북한은 사회주의 시절 분업체계에 의해 임가공 관련 기반설비가 많으며 현지 투자자는 이러한 기반도 함께 활용해 비용절감의 효과를 얻을 수 있었다.

둘째, 내륙기업은 중국이라는 제3의 공간을 활용해 대북투자에서 직면하는 통상·통행·통신 및 자금결제 등 삼통의 장벽을 극복하고 편리를 도모했다. 즉 본사는 북한에 공장을 세웠어도 생산 이외에 계약에서 자금·자재조달에 이르기까지 현지상황을 정확히 보고 받아야만 정확한 지시가 가능하다. 이때 삼통(三通)이 막힌 상황이라면 기업은 불편을 감수해야 하며, 이는 부정확한 정보에 의해 생산능률을 저하시키고, 낮은 능률은 비용과 시간 낭비를 초래해 결국 기업의 리스크로 이어질 수 있다. 예를 들어 본사가 현지공장에 원부자재가 정확히 반입되었는지, 생산과정 중 부족한 원부자재는 없는지, 요구한 디자인에 맞게 생산하는지, 불량품은 얼마나 발생하며, 가격은 어느 수준에서 결정되는지, 납기보장은 가능한지 등을 전체적으로 파악하며 생산오더를 주는 것과, 불확실한 정보하에서 오더를 주는 것과는 리스크의 측면에서 큰 차이가 있다. 특히 납기보장은 기업의 생명과도 같아 이를 지키지 못하는 기업은 파산을 맞기도 했다. 그러나 중국에 컨트롤타워를 세우면 통신, 통항뿐만 아니라 통행이 가능하다. 즉 직접 직원을 북한에 파견해 실시간 업무보고를 받고 정확한 지시를 하여 기업의 리스크를 최소화할 수 있다.

셋째, 내륙기업의 성장가능 동력은 배후에 중국이라는 막강한 원료 공급기지가 있었기 때문이다. 최근 한국의 기업도 경우에 따라 중국에서 원자재를 수입해야 하는 상황이 증가했다. 하물며 북한은 생산되는 원부자재가 거의 없어 가공에 필요한 모든 원부자재를 외부에서 함께 보내야만 위탁가공이 의미가 있다. 이 상황에서 저가의 원부자재를 상시 조달 가능한 배후지가 인접해 있다면, 이는 기업에게 편의와 비용절감을 가져와 생산에 탄력을 가져온다. 실제 조사에서도 북한에 가공을 위탁한 기업가 중 원부자재를 중국과 한국에서 조달하는 비율이 각각 7 대 3, 또는 8 대 2로 나타나 중국 현지조달의 비중이 압도적으로 높은 것으로 나타났다.

넷째, 내륙기업은 중국에 본거지를 두고 운영하므로 한국보다 오히려 중국에 가까운 관행을 따랐다. 이는 남북교역에 효율성을 제고할 또 다른 유연한 관행을 만들어냈다. 특히 중국에 컨트롤타워를 두고 북한 내륙에 진출한 대북투자기업은 국가입찰에서 제외되어 개성공단에는 입주하지 못했으나 자력으로 북한에 진출해 투자처를 모색한 만큼 자생력과 경쟁력을 구비했다. 제도와 비제도가 혼합된 상황에서 풍부한 네트워크와 사업 노하우를 구축하고, 이를 바탕으로 효율적 무역관행을 창출해 냈다. 이는 북한 내 무역파트너와 높은 협상력을 발휘해 상대적으로 저렴한 가격에 상품을 공급할 기반으로도 작용했다. 뿐만 아니라 제도와 비제도가 혼재된 상황인 만큼 포괄 범위 또한 더욱 광범해 이는 내륙기업의 경쟁력을 높이는 하나의 요인이 되었다. 무엇보다 개성공단의 입주기업은 위탁가공에 한정된 반면 내륙기업은 위탁가공에서 일반교역까지, 취급품목 또한 수산물에서 농산물, 광물에 이르기까지 모든 품목을 커버한다. 임가공의 오더 또한 한국 이외에도 유럽, 미주 등 많은 지역의 오더를 커버했다. 단, 공식·비공식 제도의 혼재 속에 작동되어 통계에 반영되지 못한 부분이 많아 과소평가되었을 가능성이 높다.

## 02
## 5·24조치 이후 남북무역과 북중무역의 변화?

남북 간 삼통이 막히자 남북교역과 대북투자는 중국을 경유하는 새로운 무역통로를 형성했다. 이는 남북교역이 북중무역을 활성화시켰으며, 결국 남북교역과 북중무역은 상호촉진관계를 형성하고 있음을 입증하는 논거가 된다. 물론 남북교역이 중국을 경유했다고 해서 한·중·북 삼국무역의 형태가 남북 간 직교역의 범주에서 벗어났다고 정의할 수는 없다. 남북교역에서 중요한 점은 직항이 아니어도 문서상 계약의 주체가 누구로 되어 있는지이다. 즉 서류상 한국과 북한 양측이 계약한 것으로 되어 있다면 물류가 남포항에서 한국으로 가도 또는 중국을 경유해 한국으로 가도, 북한산으로 인정받아 면세의 혜택을 받을 수 있다. 바꿔 말하면 대북무역업자에게 남북교역의 실질적 의미는 면세의 여부에 있다.[6] 면세는 교역 참여자에게 비용 절감효과를 가져와 최소비용으로 최대효용을 얻을 수 있는 제도적 장치가 되기 때문이다. 특히 실질적인 면세혜택의 대상이 되는 한국인은 한·중·북 교역에서 우위를 점할 수밖에 없다. 면세는 국가 간 무역에서 관세장벽을 허무는 역내교역과 같은 효과를 초래하기 때문이다.

이러한 논리에 입각하면, 5·24조치 이후 남북교역이 불가능하게 되었다는 사실은 기존에 형성된 중국을 경유하는 남북교역의 통로가 막혔다는 의미가 아니다. 중국을 경유하는 기존 남북교역의 통로는 그대로인 채 남북교역을 행하는 교역의 주체가 변동되었을 뿐이다. 무엇보다 북한산의 한국반입 금지조치는 면세혜택의 소멸을 의미한다. 이는 곧 한국인의 비용 상승으로 이어져 한국인 대북업자는 무역에 참여할 동인을 잃게 된다. 게다가 법적으로 차단되어 자연스럽게 대북무역에서 배제된다.

그러나 역으로 중국인 대북무역업자의 입장에서 5·24조치를 해석하면, 한국인의 이탈은 남북교역에서 경쟁자의 부재를 의미하며, 경쟁자의 부재는 나머지 시장에 남은 중국인에게 시장을 장악할 힘을 집중시킴을 의미한다. 특히 중국인은 5·24조치의 통제 밖에 있어 여전히 북한과도, 한국과도 무역이 가능하다. 게다가 중계무역일 경우 관세가 면제된다. 다만 한국과의 무역에서 직면하는 장벽은 바로 원산지의 변경문제이다. 5·24조치로 인해 북한산은 한국으로 반입할 수 없기 때문이다. 그런데 인터뷰 결과 중국의 원산지 변경규정은 그렇게 까다롭지 않을 뿐 아니라 상당히 모호한 것으로 드러났다. 이는 5·24조치에도 불구하고 중국인의 경우 대북무역에도 대한무역에도 큰 제도적 장벽을 느끼지 못함을 의미한다.

이러한 상황에서 5·24조치 이전에는 운송료와 중계수수료만이 발생하는 경유지에 불과했던 중국이 남북 간 실질적인 무역의 장이 되며, 중국인 대북무역업자는 대북 수출입의 주체가 될 수밖에 없다. 즉 이러한 형태의 무역에서 5·24조치는 북한과의 접촉을 금하는 조치이므로 한국인은 대북무역에서 자연스럽게 배제된다. 대신 북한과의 무역이 가능한 중국인이 실질적인 남북무역의 주체가 된다. 북한산이 중국에 들어올 때 서류에는 중국인이 수입하고 다시 한국으로 보낼 때에도 중국인이 제3국으로 수출하는 주체가 되기 때문이다.

그러므로 5·24조치는 한국인에게는 대북무역의 장벽을 높이는 효과를, 중국인에게는 낮추는 효과를 가져왔다. 사실상 남북무역에서 한·중·북 삼국무역의 통로가 형성된 초기조건하에 실시된 5·24조치는 한국인으로 하여금 제도권 안으로 들어오게 했으나 중국인은 그렇지 못했다. 따라서 5·24조치의 영향력 안에 있는 한국인은 대북무역에서 배제되었으나 제도밖에 있는 중국인은 경쟁자의 부재와 함께 편익의 증대효과를 얻었다. 이는 5·24조치 이후 한국인 대북사업가가 거의 남지 않게 된 사실에서도 알 수 있다. 반면 중국은 5·24조치가 실시된 이후 중계무역 등 자국의 무역제도를 충분히 활용해 효용을 극대화했다. 이는 남북무역의 중계지에 불과했던 중국이 실질적으로 대북무역이 발생하는 장으로 전환되었을 뿐 아니라 대북무역의 주체가 되고 있음을 의미한다.

---

1 이 글은 정은이(2015), "5·24조치가 북·중 무역에 미친 영향에 관한 분석: 한·중·북 3국 무역에서 편익·비용의 변동추세를 중심으로," 『통일문제연구』, 27권 1호를 수정 보완함.
2 관세가 낮은 품목은 제외될 수 있다.
3 통일부, 『남북교류협력동향』, 각 월호 참조.
4 대북무역에서 취급하는 품목에 대해 대북무역업자는 대북수입은 농수산물, 광물, 임가공 등 한정되어 있으나 대북수출의 경우, 모든 품목을 취급한다고 증언할 정도로 수출품목은 다양하다.
5 예를 들어 신발 1켤레에 위탁 가공비가 20불이라면 중국에서는 4~5불 수준이다. 즉 가공비 자체만으로도 원가에서 많은 차이가 발생해 내륙기업은 경쟁력을 확보하고 있었으며, 실지로 내륙기업에 오더가 집중되었다. 오더는 한국오더뿐만 아니라 유럽, 미국 등 다양했다.
6 인터뷰에 응한 대북무역업자들은 남북교역의 동기를 무관세 혜택에 가장 큰 비중을 두었다.

## 10. 중국의 개혁개방 경험을 북한에 적용할 수 있는가?[1]

신종호(통일연구원 부연구위원)

김정은 정권 출범 이후 북한체제의 안정성에 대한 논란과 함께 북한이 경제난 극복 및 외교적 고립 탈피를 위해 제한적인 대외개방을 추진할 것이라는 전망도 조심스럽게 제기되고 있다. 실제로 북한 지도부는 경제개혁과 관련된 여러 가지 발언과 조치를 내놓고 있고, 외국인 투자유치와 관련된 법령을 재정비한 바 있으며, 13개 경제개발구를 설치하기도 했다. 북한체제 변화를 위한 현실적인 대안으로 중국식 개혁개방이 자주 거론된다는 점에서 중국의 개혁개방 경험을 북한에 적용시킬 수 있는가에 대한 분석이 필요하다. 이 글은 김정은 체제의 안정성 및 개혁개방 가능성에 대한 평가를 통해, 갈수록 대중국 의존도가 심화되고 있는 북한이 경제난 극복을 위해 중국식 개혁개방을 추진할 것인가에 대한 물음에 답하고자 한다. 특히 한반도의 평화 통일 기반 구축을 위해서는 지정학(Geopolitics) 차원에서의 북핵문제 해결 방안 마련도 중요하지만, 지경학(Geoeconomics)[2] 관점에서 북한체제의 '변화'를 추동하기 위한 새로운 경제협력 방안 마련도 시급하다는 점에서, 북한체제의 '변화'를 위한 남·

북·중 3국 협력방안을 제시하고자 한다.

## 01
## 김정은 체제의 개방 가능성?

　김정은 체제의 안정성을 확보하기 위해서는 대내적으로 후계체제의 정치적 안정성을 확보하고 만성적인 경제난을 극복하는 것이 매우 중요하다. 특히 북한이 직면한 심각한 경제난을 극복하기 위해서는 개혁개방과 정권유지 사이의 딜레마를 해결해야 한다. 즉 북한은 경제난 극복을 위해서는 개혁개방이 필요하지만, 개혁개방을 하면 정권의 안보가 위협받는 문제가 발생한다. 이 과정에서 북한 지도부가 선택한 대안은 '제한적 개방'과 '선택적 개혁'이었다. 앞으로도 한동안 북한은 현 체제가 통제력을 유지한 상태에서의 제한적 개혁개방을 선택할 가능성이 높다고 할 수 있다.

　그렇다면 북한 김정은 체제의 개방 가능성은 어떠한가? 다음 몇 가지 사례만을 보면 북한이 대내외적으로 경제 개혁개방정책을 실시할 것이라는 전망도 가능하다. 먼저, 김정은 체제 출범 이후 다양한 경제개혁 관련 발언 및 경제개선 조치가 취해지고 있다. 김정은 국방위원회 제1위원장은 2012년 8월 2일 북한을 방문 중인 왕자루이 중국 공산당 대외연락부장을 접견한 자리에서 "경제를 발전시키고 생활수준을 증진해 주민이 행복하고 문명적인 생활을 누리도록 하는 것이 노동당의 목표"라고 밝힌 바 있다. 2012년 초에는 로두철 내각 부총리 주도로 '경제관리방식 개선 소조'를 구성했다. 또한 북한은 중국을 포함하여 다양한 국가들의 경제발전 방식을 학습하고 있다. 최근 북한 경제 담당 관료와 학자들이 중국에서 경제특구와 관련된 집중 연수를 받고 있고,[3] 북한 간부들이 동남아, 아프

표 1 **북한의 경제개혁 관련 발언 및 조치**

| 시기 | 발언 및 조치 |
| --- | --- |
| 2011.1. | '국가 경제개발 10개년 전략 계획' 발표, 국가경제개발총국 설치 |
| 2012.1. | 김정은: "중국의 방법이든, 러시아나 일본의 것이든 사용할 수 있는 수단이 있다면 도입하라.", "자본주의 방식 논의에 눈치보지 말라."<br>양형섭 최고인민회의 상임 부위원장: "중국을 포함한 다른 국가의 경제개혁 사례를 연구하고 있다."(AP 인터뷰) |
| 2012.4. | 김정은: "우리 인민이 다시 허리띠를 조이지 않게 사회주의 부귀영화를 마음껏 누리게 하자는 것이 우리 당의 확고한 결심"이라고 선언<br>김정은: "경제사업에서 제기되는 모든 문제를 내각에 집중시키고 내각의 통일적인 지휘에 따라 풀어나가는 규율과 질서를 철저히 세워야 한다." |
| 2012.6. | 「우리 식의 새로운 경제관리 체계를 확립할 데 대하여」(6·28방침) : "비료와 원료, 농기계 등이 부족한 협동농장과 가동이 중단된 공장에 국가 투자로 자금을 돌려 농산물과 공산품 생산을 정상화", "상품 매입 시 고정가격이 아닌 시장가격으로 한다.", "협동농장 규모도 10~25명에서 4~6명으로 축소" |
| 2012.9. | 최고인민회의: 기존 11년제 의무교육을 12년제로 개편, "1인당 생산성 증대와 '노동동원형'에서 '지식경제산업'으로의 전환"이라는 핵심목표 달성을 위한 인재 양성 강조 |
| 2013.3. | 노동당 중앙위원회 전원회의: '경제건설과 핵무력건설 병진' 전략 채택, 4월 1일 최고인민회의에서 추인<br>박봉주를 정치국 정위원 및 내각 총리로 선출(2002년 7·1 경제관리개선 조치 주도, 2003년 9월 내각 총리로 선출, 2007년 4월 해임, 2010년부터 재기, 2012년 4월 당 경공업부장 겸 중앙위원회 후보로 발탁) |
| 2013.5. | 최고인민회의 상임위원회 정력 제3192호를 통해 「조선민주주의인민공화국 경제개발구법」 채택 |
| 2013.11. | 13개 경제개발구와 신의주경제특구 개발 공식 발표 |

자료 : 각종 보도자료를 바탕으로 필자 정리.

리카, 호주, 뉴질랜드 등을 방문하고, 김영남 최고인민회의 상임위원장은 싱가포르와 인도를, 김영일 당 서기는 라오스, 베트남, 미얀마를 방문하는 등 활발한 대외 방문도 이어지고 있다.

둘째, 외자유치를 위한 법령 재·개정이 이루어졌다. 북한은 1984년 9월 「조선민주주의인민공화국 합영법」을 채택하면서 외국인투자 유치를 위한 법령을 제정한 이후 2011년 12월 3일 「황금평·위화도경제지대법」 채택에 이르기까지 북한의 해외투자 유치법은 2012년 1월 1일 기준으로 총 14개 정도가 수정 보충되거나 새로 구성되어 대외에 공포하였다. 특히 이번에 처음 채택된 「황금평·위화도경제지대법」을 제외한 13개 법령이 2011년 연말 최고인민회의 상임위원회 정령으로 집중 보완·개정이 이루어지면서 외국인투자 유치를 위한 관련 법령을 모두 재정비하였다. 이번 관련 법령의 개정은 최근 국제기준이나 관례를 고려하여 투자보장 및 경영자율성을 대폭 강화하는 방향에서 이루어져 외국투자 유치에 어느 정도 기여할 수 있을 것으로 예상되고 있고, 2020년까지의 북한의 '경제개발 10개년 전략 계획'과의 연계성에 주목할 필요가 있다. 특히 라선경제무역지대와 황금평 경제지대에는 입주업체에 자율적인 노동계약, 시장원칙에 따른 파산과 청산, 투자자의 자유로운 양도와 상속 등 실질적으로 시장경제원리를 상당 부분 도입하고 있어서 중국의 경제특구와 유사한 수준이라는 해석이 제기된다. 따라서 이와 같은 관련 법령의 대대적인 수정보충 작업은 북한이 외국인투자 유치의 실질적 성과를 위해 주력하고 있음을 의미하고 있기 때문에 향후 북한의 대외개방 진전을 위한 제도적 장치는 일정수준에서 마련되었다는 평가가 나오고 있다.[4] 그러나 이와 같은 법령개정에도 불구하고 민간의 대북투자를 저해하는 요인으로 지적되는 북한체제의 특수성, 정보부족, 낙후된 투자환경, 고급인력 부족, 통신문제, 기업경영의 실질적 간섭, 국제사회의 신뢰부족 등과 같은 문제점

표 2　최근 북한의 외국인투자 유치 관련 법령 재정비 현황

| 외국인투자 관련 법령(14개) | 채택일 | 최종수정 보충일 |
|---|---|---|
| 합영법 | 1984.9.8. | 2011.11.29. |
| 외국인투자법 | 1992.10.5. | 2011.11.29. |
| 합작법 | 1992.10.5. | 2011.11.29. |
| 외국투자기업 및 외국인 세금법 | 1993.1.31. | 2011.12.21. |
| 라선경제무역지대법 | 1993.1.31. | 2011.2.3. |
| 외국인기업법 | 1992.10.5. | 2011.11.29. |
| 토지임대법 | 1993.10.27. | 2011.11.29. |
| 외국투자은행법 | 1993.11.24. | 2011.12.21. |
| 외국인투자기업파산법 | 2000.4.19. | 2011.12.21. |
| 외국인투자기업등록법 | 2006.1.25. | 2011.12.21. |
| 외국인투자기업재정관리법 | 2008.10.2. | 2011.21.21. |
| 외국인투자기업회계법 | 2006.10.25. | 2011.12.21. |
| 외국인투자기업로동법 | 2009.1.21. | 2011.12.21. |
| 황금평·위화도경제지대법 | 2011.12.3. | - |

자료 : 북·중 라선경제무역구 관리위원회.

들이 지속적으로 개선되어야 하며, 무엇보다도 외국과의 관계개선이 우선적으로 이루어져야 할 것이다.

　셋째, 경제특구와 13개의 경제개발구를 설치하였다. 2011년 12월 김정일 체제가 막을 내리고 북한에 김정은 시대가 시작되었다. 김정은 북한 국방위원장은 2013년 신년사에서 '경제강국의 건설'과 '인민생활의 향상', '새 세기 산업혁명'을 국가적 목표로 제시하였다. 이를 위하여 시장경제 요소의 도입을 핵심으로 하는 이른바 '우리 식 경제관리방법'을 발표하고 지난 2002년 '7·1조치'의 계획과 시행을 맡았던 박봉주를 내각 총리에 임명하며 경제개혁에 대한 강한 의지를 나타냈다. 2013년 4월부

표 3  북한의 주요 특구 및 특징

| 특구 | | 내용 |
|---|---|---|
| 1991년 나진·선봉 경제무역지대 | | • 최초의 경제특구로 외국자본과의 합작 및 직접 투자 추진<br>• 2010년 중국과 경제무역지대 개발 합의 |
| 2002년 '7·1' 조치 이후 | 2002년 9월 신의주 행정특구 | • 중국의 비협조로 2004년 완공되지 못함 |
| | 2002년 10월 개성 공업지구 | • 한국 중소기업 유치, 임가공업 중심<br>• 남한 측의 단독 자본투자 방식으로 추진<br>• 2013년 4월 개성공단 폐쇄 조치 이후 중단 |
| | 2002년 11월 금강산 관광지구 | • 남한 측의 단독 자본투자 방식으로 관광객 유치를 추진<br>• 2008년 관광객 피격 사건 이후 중단 |

표 4  북한 13개 경제개발구

| | 경제개발구 | 지역 |
|---|---|---|
| 1 | 압록강 경제개발구 | 평안북도 용운리 |
| 2 | 신평관광개발구 | 황해북도 |
| 3 | 송림수출가공구 | 황해북도 |
| 4 | 만포경제개발구 | 자강도 만포시 미타리, 포상리 |
| 5 | 위원공업개발구 | 위원군 덕암리, 고성리 |
| 6 | 현동공업개발구 | 강원도 원산시 현동리 |
| 7 | 흥남공업개발구 | 함경남도 함흥시 |
| 8 | 북청농업개발구 | 북청군 부동리, 종산리 |
| 9 | 청진개발구 | 함경북도 |
| 10 | 어랑농업개발구 | 함경북도 |
| 11 | 온성섬관광개발구 | 함경북도 |
| 12 | 혜산경제개발구 | 양강도 |
| 13 | 와우도수출가공구 | 남포시 |

자료: "북한 13개 경제개발구·신의주 특구," 연합뉴스(2013.12.8.).

터 독립채산제를 채택하여 일부 기업소에 대해 생산물 가운데 국가에 납품하고 남는 잉여분을 독자 매각하거나 종업원에게 분배할 수 있게 하는 조치를 시행하였다.[5] 아울러 외국자본을 유치하기 위하여 2013년 5월 「경제개발구법」을 제정해 전국 각지에 경제특구를 설치할 것을 발표한 데 이어 11월에는 13개의 지역별 경제개발구를 설치하겠다고 밝혔다.

이상에서 살펴본 바와 같이 북한이 경제개혁과 대외개방을 위한 여러 가지 조치들을 취하고 있다는 점에서 북한의 '변화' 가능성은 이미 그 조건이 마련되기 시작했다고 볼 수 있다. 하지만 여전이 자생적 성장의 동력을 마련하지 못하고 있는 북한 경제의 현실을 고려할 때, 북한에 대한 외부의 지원이 필수적임에도 불구하고 북한은 김정은 체제 수립 이후에도 핵과 미사일 개발을 지속하여 국제사회의 제재를 자초하고 있다. 그 결과 북한의 열악한 경제 상황은 지속되고 있으며, 결국 다시 외부 지원이 필요한 상황이 반복되고 있다. 북한은 이러한 난국을 돌파하기 위하여 북중교류에 집중하고 있다. 최근 수년 동안 남북교류가 감소하면서 그 부족분을 북중교류가 대체하고 있는 것이다. 물론 북중교류의 확대가 북한의 개혁개방을 촉진할 수 있다면 결코 나쁜 것이 아니라는 견해와 함께, 북한 경제의 대중의존도 심화는 한반도 통일에 부정적 영향을 미칠 것이라는 우려도 동시에 존재한다. 다만 한 가지 분명한 점은 김정은 시대에 들어서서도 북한은 외부의 경제 지원을 필요로 하고 있지만, 북한이 핵개발과 같은 도발적 조치를 지속하는 이상 한국을 포함한 국제사회의 전폭적인 대북지원은 불가능하다는 것이다.

## 02
## 북한의 대중국 경제의존도 심화가 중국식 개혁개방으로 이어질까?

북한의 경제난 극복을 위한 현실적인 대안으로 중국식 개혁개방이 자주 거론된다. 북한과 중국이 개혁개방 이전에 모두 사회주의 계획경제체제였다는 점, 그리고 자력갱생에 기초한 자립적 경제노선을 추구하면서 사회주의 국제분업체계에서 이탈하였다는 점에서 유사성이 있다.[6] 하지만 과거 혈맹이었던 북한과 중국은 탈냉전 시대에 들어와 각자의 실익을 추구하게 되면서 관계가 멀어졌다. 특히 중국이 강대국으로 부상하고 북한이 핵문제를 통해 동북아의 '문제국가'로 역내 안보의 걸림돌이 되면서 양국관계는 보통국가 관계로 변화하기 시작하였다. 과거의 혈맹관계에서 경제구조적 협력관계로 선회한 것이다. 2009년 이후 있었던 세 차례의 정상회담에서 중국과 북한은 전략적 소통의 강화, 경제협력과 북한의 중국식 개혁개방 유도, 대화를 통한 평화로운 북핵문제의 해결을 논했고, 이것은 중국의 동북지역과 연계한 북중 경제협력의 강화와 중국의 대북 지원으로 나타났다. 위에서도 살펴본 것처럼 무역, 투자, 국경지역 개발 등 북한의 대외경제 분야에서 중국에 대한 의존도는 날로 심화되고 있다.

여러 번의 무력도발과 세 차례에 걸친 핵실험으로 국제사회로부터 고립된 북한이 의존할 수 있는 거의 유일한 국가는 이제 중국뿐이며 중국의 지원 없이는 북한의 생존 자체가 어려워질 수 있다. 중국은 대외정책의 한 축인 주변국 외교에 있어 중국을 둘러싼 주변국과의 안정적이고 평화로운 관계 유지를 내세우고 있으며,[7] 대한반도 정책에 있어 한반도의 안정과 평화 유지는 최우선적인 목표라 할 수 있다. 이는 궁극적으로 자국의 안정적이고 지속적인 경제발전과 미국의 영향력이 동북아 역내로 확대되는 것을 방지함으로써 핵심이익을 수호하기 위한 것이라고 할 수 있다. 여기에서 중국이 대국으로서의 국제적 위상의 하락과 이미지의 손실을 감수하고도 북한과의 교류와 지원을 지속하는 이유를 찾아볼 수 있다.

북중 간 이와 같은 지속적인 경제협력은 북한의 대중의존도를 높였을 뿐만 아니라 북한의 개혁방향에도 영향을 미쳤다. 김정일 위원장은 2000년 이후 빈번한 중국 방문과 정상회담을 통해 중국 개혁개방 모델을 학습하려는 듯 보였다. 2001년 1월 김정일 국방위원장은 중국의 상하이 등을 방문하여 개혁개방의 성과를 확인하였고, 2006년 1월에는 후진타오 주석의 방북에 대한 답장 형식으로 중국을 방문하여 중국 개혁개방의 기점이라고 할 수 있는 광둥성 일대를 답사하였다. 2010년에서 2011년 사이 네 차례의 방중을 통해 김정일 국방위원장이 중국 동북 3성을 집중적으로 시찰한 후에 북중 접경지역의 경협이 가속화되었다.

북한이 개혁으로 시선을 돌리는 것은 국제사회로부터의 고립과 극심한 경제난 속에서 활로를 찾기 위한 불가피한 선택인 한편, 체제 전환 없이 경제발전을 이룬 중국의 성과와 지속적인 개혁개방 유도가 주요한 동기로 작용했을 것이다. 후진타오 주석의 집권 이후 김정일 위원장의 첫 방중에서 후진타오 주석은 중국의 발전상과 개혁개방의 성과를 설명하는 데 많은 시간을 사용하였다. 중국의 입장에서 북한의 혼란과 붕괴 더 나아가 미국의 영향력하에 한반도 통일이 이루어짐으로써 지정학적 자산을 잃어버리는 상황은 고려 대상에 없다. 최소한의 지원과 협력을 통한 북한 체제의 현상 유지는 미봉책에 불과하며 계속해서 국제적 위상의 손실을 감수하면서까지 이 같은 미봉책을 이어가는 것도 합리적인 대안이라 할 수 없다. 결국 대화와 협상을 통한 북핵문제의 해결과 개혁개방 유도를 문제 해결의 근본적인 실마리라고 판단한 것이다.

이와 더불어 1,400km의 접경지역에서 이루어지는 양국의 협력사업은 중국의 동북3성 지역 개발에 필요한 자원과 저렴한 노동력, 해외진출의 통로 확보를 가능하게 함으로써 지역발전에 적지 않은 경제적 이익을 가져다줄 것이라는 점 역시 중국이 북한의 개혁개방을 유도하는 동기로 작용할 수 있다. 중국은 북한에 대한 경제협력의 원칙을 '정부인도·기업참여·시장원칙'에서 '정부유인·기업참여·시장원칙', '정부인도·민간참여·시장원칙'으로 변화시켜 가는데 이는 지방정부나 민간 차원에서 행해진 대북경협을 중앙정부 차원에서 적극적으로 챙기겠다는 것을 북한에 천명한 것이다. 이는 북한에 대한 경제적 관여정책을 보다 높여 개혁개방을 위한 환경을 조성하고 대북 정치적 영향력을 강화하여 궁극적으로 북한 체제의 안정유지와 비핵화를 유도하겠다는 목적이다.[8]

김정일은 북중 양국의 새로운 협력관계를 전면화하였고 중국 친화적인 경제구조를 탄생시켰다.[9] 김정은 시대가 시작된 이후에도 북한의 도발로 인한 일시적인 침체기를 제외하면 북중무역과 중국의 대북한 투자는 활발하게 전개되어 오고 있으며 북한의 대중국 의존도 역시 매우 높은 수준을 유지하고 있다. 이는 곧 '7·1 경제관리개선조치'와 '국가경제개발 10개년 전략계획' 수립 등에서 나타난 북한의 '변화'에 대한 의지와 중국의 정치·경제적 의도가 강력하게 결합한 결과이다.

## 북중경협의 제약요인

그러나 북한이 중국식의 개혁개방 모델을 적용하고 발전시키는 데 있어서 여러 가지 제약 요인이 존재한다. 첫째, 중국은 개혁개방 초기 '점

(点)-선(線)-면(面)'의 점진적이고 단계적인 개혁개방을 통해 체제안정과 관련된 문제들을 검증하고 정치적인 영향을 제어할 수 있는 구조였다. 그러나 북한은 개혁개방 과정에서 나타날 수 있는 체제안정에 위협적인 요인들을 효율적으로 통제하기가 어렵다는 점에서 개혁개방의 폭과 범위를 '점' 단계로 제한할 가능성이 높다. 실제로 북한은 기존의 나진·선봉, 신의주, 개성공단, 금강산 이외에도 타지역(남포, 해주, 원산 등)에서의 특구 전략을 추진하고 있다.

또한 소규모 경제국가인 북한은 중국처럼 거대한 내수시장이 존재하지 않는다는 점에서 선진기술 및 외자 도입이 필수적이다. 중국은 개혁개방 초기에 중화경제권의 존재로 인해 외자도입이 신속하고 용이하게 이루어졌으나, 북한은 이러한 역할을 해 줄 수 있는 세력이 부재하며 특히 미국을 비롯한 국제사회의 대북제재로 인해 외자유치의 어려움이 존재한다. 따라서 북한이 외자유치를 통해 개혁개방을 성공적으로 이끌기 위해서는 대외관계 개선이 필수적이다. 하지만 북중 간 경제협력은 북한의 핵실험이나 미사일 발사와 같은 도발에 따라 일시적으로 그 분위기가 위축되었다가 얼마 지나지 않아 회복세로 돌아서고 있는 이전의 패턴을 여전히 반복하고 있다. 또한 김정은 체제 이후 경제 분야의 개혁과 개방에 대한 외부의 기대감에도 불구하고 외국인 투자자 보호를 위한 명확한 제도를 제시하지 않아 투자자들은 대북투자의 리스크를 감수하면서까지 쉽게 투자에 참여하려 하지 않는다. 2013년 북한의 3차 핵실험 이후 북중 간 교역 현황을 살펴보면, 1~10월 동안 북한은 중국에서 지난해 같은 기간보다 1.8% 증가한 29억 1천만 달러의 물품을 수입했고 이 기간 북한의 대중 수출액은 23억 6천만 달러를 기록하여 전년 동기 대비 12.3%가 늘었다. 북한의 3차 핵실험 이후 국제사회는 이전보다 강경한 대북제재를 실시하였으나, 중국은 일시적으로 대북제재에 참여했다가 북한과의 경제관계를 회복함으로써 북한의 붕괴나 혼란을 방지하는 '생명선'의 역할을 지속하고 있는 것이다. 그렇다고 해서 중국이 북한에 획기적인 변화를 유도할 대규모의 투자를 추진할 기미가 보이는 것도 아니다. 본격적인 북중경협의 시금석이 될 것이라 기대를 모았던 황금평·위화도 경제특구는 2011년 6월 대대적인 착공식을 가진 이후 실질적인 성과를 찾아보기 어렵다. 불안정한 한반도 정세, 북한 내 인프라 부족과 법·제도의 미비는 대북투자의 중대한 리스크로 작용하여 기업투자 유치는 사실 한계를 지닐 수밖에 없다.

앞으로 전개될 김정은 체제가 김정일의 경제적 유산을 계승하여 국내 경제발전전략의 단계적 실현과 함께 북중 경제협력의 강화와 개방화를 이어갈 것인지, 또한 그것이 중국이 경험했던 선순환적 경제발전으로 연결될지, 또 다른 새로운 국면을 초래할지를 면밀히 지켜봐야 할 것이다.

## 03
## 북한의 '변화'를 이끌어내기 위한 새로운 경제협력 모델?

한반도가 처한 지정학적 특수성으로 인해 한국은 현재 '북한의 비핵화'와 '한반도 통일'이라는 과제를 동시에 달성해야 하는 딜레마에 처해있다. 하지만 '비핵화' 실현을 위해서는 UN의 대북제재가 순조롭게 진행되어야 하지만 현재와 같은 북중 경제협력 강화추세는 한국을 포함한 국제사회의 대북제재 효과를 반감시키고 있다. 또한 '한반도 통일'을 위해서는 북한의 '변화'가 불가피하고, 북중경협 강화는 이러한 북한의 변화를 추동하는 작용을 하기도 한다. 특히 북한 경제난 극복을 위한 현실적 대안으로 중국식 개혁개방이 자주 거론된다는 점에서, 한국의 입장에서는 북중경협이 갖고 있는 긍정적인 면을 부인하기도 쉽지 않다.

따라서 한국의 입장에서는 북핵문제 해결을 위한 정책 방안을 마련하는 것도 중요하지만, 북중 경제협력 심화에 따른 대응방안을 마련하는 것 역시 매우 중요하다. 특히 지경학적 관점에서 북한체제의 '변화'를 추동하기 위해서는 한·중·북 3국 간 새로운 경제협력 방안이 모색되어야 한다. 이를 위해서는 먼저, 개성공단 사업으로 대표되는 기존의 남북경협사업에 대해서 남북 간 공동관리를 강화하는 방안이 모색되어야 한다. 특히 '개성공단 국제화'를 추진하면서 '남북한 경제 공동 특구화'를 목표로 설정할 필요가 있다.

둘째, 한중협력을 통해 우선적으로 '환서해경제권'을 조성한 후 북한이 참여할 수 있는 방안을 모색해야 한다. 서해안권은 대륙과 해양의 교류를 선도하는 한반도의 관문(gateway)이자, 남북한 간 산업과 인프라의 발전을 이끄는 회랑(corridor)이다. 한반도의 경쟁력 강화에 기여하고 한반도 통일시대를 대비하기 위해서는 한반도와 중국의 네트워크를 강화하여 환서해권의 공동발전을 도모해야 한다. 북한체제의 구조적이고 총체적인 '변화'를 이끌어내기 위해서는 한국과 중국의 협력이 우선적으로 작동해야 하며, 북한 당국의 참여 역시 필수적이다.

셋째, 북한의 경제특구 개발 전략이 성공하기 위해서는 SOC(Social Overhead Capital, 사회간접자본) 분야에 대한 개발협력 사업이 동시에 진행되어야 한다. 남북한은 이미 2000년 '6·15 남북공동선언'을 통해 철도·도로 연결사업 등을 포함한 남북 경제협력에 대한 구체적인 방안에 합의했으며, 2013년 11월 열린 한러 정상회담에서는 '유라시아 이니셔티브' 관련 경제협력 등을 골자로 한 공동성명을 채택하여, '나진-하산 프로젝트'에 한국기업이 참여하게 되었다. '나진-하산 프로젝트'는 러시아의 극동 하산과 북한의 나진항을 잇는 54km 구간 철로 개보수와 나진항 현대화 작업, 복합물류사업 등을 핵심으로 하며, 포스코와 현대상선, 코레일 등 국내 기업들이 러시아 측이 이미 투자한 지분과 운영권을 인수하는 간접투자 방식으로 이루어진다. 표면적으로는 남·북·러 3각 협력 형태를 취하고 있으나 이 사업이 순탄히 추진될 경우 북·중·러 접경에서 추진 중인 국제 물류기지 사업과의 연계성이 높아질 뿐만 아니라, 한반도 종단철도와 시베리아 횡단철도를 연결함으로써 우리가 유럽으로 나아가기 위한 박근혜 정부의 '유라시아 구상'의 일환이라고 할 수 있다. 또한 대북 신규투자를 금지한 '5·24조치'를 우회하여 북한의 개방을 유도할 수 있는 새로운 남북경협의 모델로 주목받고 있으며, 향후 우리 기업의 대북투자에 대한 우회로와 돌파구가 될 수 있다는 점에서 대북투자 여건 조성의 청신호가 되고 있다.[10] 이러한 여건을 바탕으로 하여 북한에 대한 SOC 건설사업 추진을 통해 북한사회의 변화를 이끌어내야 할 것이다.

북한의 SOC 개발은 무엇보다 동북아 공동번영과 경제협력체로 나아가는 길목에서 중심축으로서의 역할과 주도적인 위치를 선점할 수 있는 기회의 통로가 된다. 북한을 관통하는 아시안 하이웨이(Asian Highway), 중국횡단철도(TCR), 러시아횡단철도(TSR) 연계를 통한 본격적인 한반도 물류 경쟁력 제고 및 자원 확보를 위한 러시아 가스관 연결, 국제 정기 해운노선 개발 등이 필요하다.[11] 특히 북한 경제와 국민소득 및 일자리 상황을 보면 우리의 1960년대와 비슷하기 때문에 북한 경제개발에 상당한 참고가 될 수 있다. 1960년대 당시 일자리 창출과 소득기반 마련을 위해 대규모 중화학공업단지를 건설했고 공장을 돌릴 수 있는 발전소 건설이 이뤄졌다. 공단과 발전소 건설이 본 궤도에 올라설 즈음 대규모 항만과

도로 등 교통 SOC에 대한 투자가 이뤄졌으며 국민소득 향상으로 주택수요가 급증했다.[12] 한국의 경우 '공단-발전소-교통 SOC-주택' 순으로 발전되어 왔다는 점에서 도로와 주택 등과 같은 국가기반시설에 대한 투자가 있을 경우 북한의 경제적 차원에서의 '변화'가 가능할 것으로 보인다.

넷째, 유라시아 및 동북아 협력의 큰 틀과 한반도 통합이란 장기적 구상 속에서 중국의 동북지역 개발에 대한 접근을 모색할 필요가 있다. 중국은 2013년 유라시아 경략(經略)을 위해 중앙아·유럽을 잇는 육상 실크로드와 동남아·인도양·아프리카를 연결하는 해상 실크로드를 동시에 구축하려는 '일대일로(一帶一路)' 전략 구상을 발표했다. 2014년 5월 '아시아 신뢰 및 교류 구축 회의(CICA)'에서는 '아시아 인프라 투자 은행(AIIB)' 설립을 제안하고, 동년 11월 APEC회의에서는 400억 달러의 실크로드 기금 출연을 약속하는 등 '일대일로' 구상을 본격적으로 지원하기 시작했다. 러시아 역시 2012년 이후 동시베리아와 연해주 등 극동지역 개발을 위한 '신동방정책'을 제시한 바 있다. 박근혜 대통령은 2013년 "유라시아를 '하나의 대륙', '창조의 대륙', '평화의 대륙'으로 만들어 가는 유라시아 이니셔티브"를 제안한 바 있고, 이를 위해 부산을 출발하여 북한, 러시아, 중국, 중앙아시아, 유럽을 관통하는 '실크로드 익스프레스(SXP)'와 각국의 전력망, 가스관, 송유관 등 인프라의 연계 및 공동 자원개발을 내용으로 하는 '유라시아 에너지 네트워크' 구축을 제안했다.

이처럼 중국이 '일대일로'를 통해 유라시아 진출 및 개발을 적극적으로 추진하기 시작했다는 점에서, 우리가 제안한 유라시아 이니셔티브와 주도권 경쟁이 벌어질 경우 나타날 수 있는 부정적 영향을 최소화할 수 있는 전략적 연계 방안을 마련해야 한다. 중국의 유라시아 전략 구상이 갖는 경제적 중요성을 인식하여 유라시아 이니셔티브와 전략적으로 연계할 경우 남북한은 물론 중국과의 새로운 경제·안보 협력을 이끌어내는 기회로 작용할 수 있다. 이를 위해서는 일단 한중경협과 남북경협을 병행 추진하되, 한중경협과 남북경협이 상호 조응할 수 있도록 심화시킨 후, 중장기적으로 남북한 및 중국의 3자 협력을 모색하고 이를 동북아 협력과 연계시킬 수 있는 방안을 강구할 필요가 있다.[13] 남북한 및 중국의 3자 협력은 중국의 대북 영향력 확대 및 경제의존 심화에 대한 우리의 우려를 완화시킬 수 있고, 동시에 우리의 대북 영향력 확대 및 남북한 경제통합 등으로 인한 중국의 북한에 대한 입지 약화를 보상할 수 있기 때문이다.

---

1 이 글은 신종호(2013), 『북중 경제협력 심화와 한국의 대응』(수원: 경기개발연구원), pp. 72-106 내용을 수정·보완함.
2 지정학과 지경학의 관계에 관해서는 Colin S. Gray & Geoffrey R. Sloan(1999), *Geopolitics, Geography and Strategy*, Psychology Press; Peter Taylor & Colin Flint(1999), *Political Geography: World-Economy, Nation-State and Locality*(4th Edition), Longman Scientific & Technical 참조. 한반도 문제 및 북중관계를 지경학적 관점에서 접근한 연구로는 金景一·金强一(2008), "朝鮮半島的地緣政治意義及其對我國的影響研究," 『中國外交』; 신종호(2013) 등 참조.
3 중국 상무부는 황금평·위화도 공동 경제특구 개발을 위해 전문가 70여 명을 북한에 파견하여, 경제특구의 운영 형태에서부터 특구 관련 각종 법 제도, 외국투자 유치 방안 등에 대한 노하우를 전수 중인 것으로 알려지고 있다.
4 윤병수(2012), "최근 북중 경제협력 동향과 전망," 『하나 북한정보시리즈』, 11호 참조.
5 "북한, 기업 독립채산제 전환 가속화〈中소식통〉," 연합뉴스(2013.10.10.).
6 신종호(2013), 『북중 경제협력 심화와 한국의 대응』(수원: 경기개발연구원), pp. 71-82 참조. 이와 관련하여 박형중은 김정은 시대의 북한 경제정책 방향과 경제현실이 1980년대 후반 중국의 양상과 대체로 일치하지만 다음 두 가지 이유로 인해 북한의 경제변화가 중국의 경제변화에 상응하는 성과를 낼 개연성은 낮다고 강조한다. 첫째, 정책 변화의 폭과 깊이가 다르고, 그리고 무엇보다도 정책의 일관성과 추진 의지가 취약하다. 둘째, 외부 환경뿐 아니라 내부조건이 제기하는 부정적 제약이 중국과 비교할 때 북한이 훨씬 강하다. 박형중(2015), "김정은 시대 북한경제 변화에 대한 평가: 1980년대 후반 중국과의 비교," 『Online Series 15-09』(통일연구원).
7 2013년 10월 25일 중국 정부는 제18기 3중전회를 앞두고 '주변외교 좌담회'를 개최했다. 시진핑 주석은 좌담회에서 '親·誠·惠·容(친선, 성실, 호혜, 포용)'이라는 주변외교 기본 이념을 제시했다. 이는 대체로 관련국 민심에 유의하고 이에 이로운 일들을 많이 함으로써 친

화력을 쌓아가야 한다는 것을 의미한다. "習近平: 讓命運共同體意識在周邊國家落地生根," 新華網(2013.10.24.).
8 윤승현(2012), "북한의 개혁·개방 촉진 위한 중국의 역할," 『통일경제』, p. 71.
9 박희진(2012), "북한경제의 개방화 구상과 반개혁의 이중주," 『북한학연구』, 8(1), p. 39.
10 한국기업이 참여하는 남·북·러 3각 협력의 투자형태가 '5·24 조치'에의 저촉 여부와 관련하여 정부 관계자는 "5·24 조치는 남북 교류협력법에 근거한 행정 제재인 탓에 제재 범위가 포괄적일 수밖에 없고, 외국기업과의 합작 형태에 관한 제재를 규정하지 않았기 때문에 위배는 아니다."고 전한 바 있다("나진·하산 프로젝트 참여… 대북투자 우회로 '주목'," 한국일보(2013.11.13.)).
11 2013년 11월 경남대 극동문제연구소-한국건설기술연구원이 공동 주최한 '북한 SOC 구축 전략 수립을 위한 경험의 재구성' 관련 세미나에서 윤대규 경남대 부총장의 기조연설("특구 개발 등 경제개혁 시도 중인 북한' SOC(사회간접자본) 개발협력으로 북 변화 이끌어야," 내일신문(2013.11.13.)).
12 이복남(2013), "한국건설산업의 50년 역할과 시사점," 경남대 극동문제연구소-한국건설기술연구원 공동 주최 세미나 발표문(2013.11.13.).
13 원동욱(2011), "북중경협의 빛과 그림자: '창지투 개발계획'과 북중 간 초국경 연계개발을 중심으로," 『현대중국연구』, 13권 1호, pp. 41-73 참조.

# 중국 신예 학자가 보는 북중관계

Q_11. 중국은 북한을 어떻게 인식하는가? :
제2차 북핵실험 이후 중국 엘리트의 인식과 선택 **(리신)**

Q_12. 북한은 중국의 부상에 대하여 어떠한 전략을 취하는가? **(박용국)**

Q_13. 정상외교는 북중관계에 어떠한 영향을 미쳐 왔나? **(송원즈)**

11.

# 중국은 북한을 어떻게 인식하는가? : 제2차 북핵실험 이후 중국 엘리트의 인식과 선택[1]

**리신**(중국 상하이사범대 교수)

이 글은 오늘날 중국의 대북인식 및 정책의 본질을 파악하기 위해서는 지식 엘리트의 인식 변화에 주목해야 한다고 주장한다. 주지하듯 북한의 핵 보유 및 3차례의 핵실험에 대한 중국의 대응은 압박-포용-재압박-재포용 등 변화하는 모습으로 나타나고 있다. 특히 이 글이 중국 지식 엘리트의 인식을 다루고자 하는 까닭은 냉전의 종식 이후 중국 내 북한연구가 가진 특성 때문이다. 냉전 시기 중국에서 북한문제는 민감한 사안으로 여겨졌다. 그러므로 과거 특정한 연구기관(중국 사회과학원 및 동북지역의 사회과학원 조선문제연구소, 현대국제관계연구원, 국제문제연구소, 군사과학원 등)을 제외하고 다른 연구기관 및 싱크탱크는 북한문제와 북중관계에 대해 접근할 수 없었다. 이처럼 특정한 연구기관들이 북한연구를 독점함으로써 중국에서는 많은 사람들이 북한에 대해서는 무조건 한 목소리를 내는(衆口一詞) 형국이었다. 하지만 이러한 상황은 냉전의 종식과 더불어 북핵문제의 국제화로 인해 변화되었다. 오늘날 중국 싱크탱크와 지식 엘리트들은 북중관계에 관해 백가쟁명(百家爭鳴)의 목소리를 내고 있다. 더욱이 최근 전문가들이 관방과 민간, 정부와 대중 사이에서 가교의 역할을 하면서 사회 분위기를 조성하고 있기 때문에, 중국 내 지식 엘리트들의 대북인식에 대한 연구가 선행되어야만 북중관계를 심도 있게 이해할 수 있다. 따라서 이 글에서는 중국 전문가의 대북인식과 중국 정부의 대북정책 간 상관성을 분석하여 북중관계에 대한 포괄적 이해를 돕고자 한다.

## 01

### 중국 국내에서 대북정책 관련 어떠한 인식과 논쟁이 전개되었나?

중국의 대북정책을 분석하기 위해 필자가 주목하고자 하는 점은 외교정책분석에서 독립변수로 제기되는 인식(perception)이라는 요인이다. 인식 관점에서 외교정책을 분석한 기존 연구들은 다음과 같다.

저비스(Robert Jervis)는 인식(perception)과 오인(misperception)을 국가 외교정책과 정부 행위의 독립변수로 간주한다. 국가는 인지 일치(cognitive consistency), 환기(evoked set) 및 역사적 학습(learn form history)이라는 세 가지 인식의 프로세스를 경험한다.[2] 이러한 연구는 정책 결정자의 심리와 외교정책 결정을 연결했다는 점에서 획기적인 이론적 의미를 갖고 있다고 평가할 수 있다.[3] 샴보(David Shambaugh) 역시 엘리트의 국내정치, 정책 결정 환경과 더불어 엘리트의 관점이라는 세 가지 변수의 상호작용이 공동적으로 중국의 외교정책을 구성한다고 주장한다.[4] 엘리트의 인식이 구조적 요소 못지않게 중요하다는 것이다. 이희옥

성균관대 교수도 2009년 북중관계 회복에 대한 중국 대북인식의 변화가 중국의 대북정책의 전환을 야기했다고 주장한다. 이희옥은 그 사례로 2009년 7월 15일 당중앙외사영도소조가 개최되고, 7월 17~20일 베이징에서 개최된 재외공관장 회의기간 중 전·현직 북한 대사, 외교부장 등이 이례적으로 참석한 가운데 "중국의 대북정책 관련 내부회의"가 개최되고 대북정책에 대한 당내 논쟁의 결과, 중국은 북한문제와 북핵문제를 분리시켜 접근하는 원칙을 세웠던 점을 들고 있다.[5]

이처럼 기존 연구들은 정책 결정자에 주목하며 중국의 대북정책에서 지도부의 인식이 결정적 역할을 한다고 본다. 하지만 이러한 연구는 중국의 대북정책에 다차원적 행위자, 특히 본 연구가 주목한 지식 엘리트의 역할을 간과한 것이다. 물론 정책 결정자의 인식이 대외정책에 직접적 영향을 미치지만, 정책 결정자가 구조 속에 속한 개인으로서 자국의 연구 환경의 영향을 받는다는 점을 간과한 것이다. 무엇보다 정책 결정자는 정책 자문 기능을 수행하는 싱크탱크에 자문하지 않고서 스스로 정책을 결정하기가 어렵다. 싱크탱크는 정책 과정에 영향력을 구현하는 것을 목표로 정책 결정 및 엘리트와 국민에 대한 영향력을 가진다.[6] 싱크탱크의 전문가들이 사상의 브로커(idea brokers), 공공 지식인(public intellectuals), 정책 기업가(policy entrepreneurs)와 같은 실질적인 역할을 하고 있기 때문에[7] 이들의 인식에 대한 연구가 선행되어야 한다. 그렇다면 최근 중국 국내에서는 지식 엘리트들이 북한을 어떻게 인식하고 평가하고 있는가?

## 대북정책에 관한 백가쟁명

중국 내부의 2009년 대북정책에 대한 논의는 '백가쟁명' 식 논쟁으로 불리는데, 특히 이 논쟁의 핵심은 '중국에게 북한은 무엇인가? 전략적 자산인가, 아니면 부담인가?'라는 것이었다. 이러한 논쟁 속에서 북한을 전략적 자산으로 강조하는 입장은 '전통파'로 불린다. 전통파는 북한을 중국의 완충지대로 여겨, 북한과의 관계가 상실되면 중국의 전략적 여건이 악화된다고 평가한다. 중국은 일정한 비용이 지출되어도 북한체제의 안정성을 유지함으로써 미국을 견제할 수 있다는 것이다.

반대로 북한은 중국에 부담이 된다고 생각하는 전략파도 있었다. 그들은 북한의 지정학적 함정에 빠지는 것보다 북한의 나쁜 행동을 처벌하고 북한을 정상국가로 만들어야 한다고 주장한다. 전략파가 북핵문제를 미국과의 관계에서 조망하는 접근방식이라면, 전통파는 미국과의 정책 조율보다는 중국의 전통적 국익과 주변국과의 선린관계에서 북핵문제를 보려는 방식이다.[8]

2009년 전통파와 전략파 간 대립 속에서 논쟁은 전통파의 입장으로 우선 일단락되었다.[9] 이는 중국이 북한의 전략적 가치에 대한 평가를 재확인하고 동맹 유지의 방향을 재정립하였다는 것을 의미했지만, 그럼에도 전략파는 여전히 문제제기를 지속하고 있다.[10]

그러나 전통파와 전략파라는 단순한 이분법적 구분은 중국의 북한에 대한 인식과 정책 산출의 복잡성을 과소평가한다. 북한에 대한 인식은 단지 친북/반미 혹은 친미/반북의 양자택일의 문제가 아니다. 둘째, 이러한 구분은 중국의 대북인식의 복잡성을 간과한다. 예컨대 전략파는 북한이 부담이라는 전제에는 동의하지만 그 안에서도 '북한 방기론자', '북한체제 비판론자', '지정학적 가치 비관론자'로 나뉠 수 있기 때문이다. 전통파 역시 북한을 자산으로 인식한다는 대전제는 공유하지만 그 안에서도 '북한 포용론', '북한체제 동정론', '완충지대론'을 주장하는 다양한 입장이 있으며[11] 규범을 준수해야 한다고 강조하는 규범파도 있다.[12]

따라서 이 글에서는 이분법적 구분에서 벗어나 기존 논쟁들을 새롭게 구분하고자 한다. 특히 필자는 전략파와 전통파 두 진영과 세부 논쟁들 모두 모두 중국의 국가이익을 중시하는 전략적 사고를 바탕으로 주장한다는 공통점에 주목해 여러 가지 파벌의 근본적 차이는 국가이익에 대한 인식과 규정이 다르기 때문이라고 분석하고자 한다. 상이한 전문가들의 주장을 국가이익에 대한 인식을 기준으로 정리하면 다음과 같이 구분할 수 있다.

**표 1** 국가이익에 대한 인식을 기준으로 본 대북인식과 대북정책

| 입장 분류 | 국가이익 인식 | 대북정책 |
|---|---|---|
| 도의(道義)파 | 국제위상 | 약소국 지원(扶傾救弱), 북한 지원 |
| 규범파 |  | 국제규범 준수 |
| 완충지대 낙관파 | 안보 | 대북 지원 현상유지 |
| 완충지대 비관파 |  | 통일 지지, 현상유지 비판 |
| 경협파 | 경제 | 경협 강화, 경협과 북핵 분리 |
| 대미협상 낙관파 | 대미협상 | 대미 카드로 활용 |
| 대미협상 비관파 |  | 북한 방기 |

### 도의파

이 입장은 북한을 중국의 투영이라고 본다. 현재 북한이 처한 국내 경제 악화와 국제 고립의 환경은 중국이 1960~70년대 처한 환경과 비슷하다. 그들에 따르면, 중국은 역지사지(異地思之)의 정신으로 약소국 북한에 안전보장을 제공하며 경제 원조를 확대하고 북한체제가 위급할 경우 북한을 구해야 한다.[13] 또한 이들은 북한의 핵개발은 정당성을 지닌다고 여긴다.[14] 2006년 10월 4일 북한 외무성 성명과 1964년 10월 17일 핵실험 직후 중국 정부가 발표한 성명은 비슷한 내용을 담고 있다. 두 성명의 주요 내용은 중국/북한이 미 제국주의의 핵 공갈과 위협정책에 대한 투쟁으

로 핵실험을 했으나, 핵무기를 선제사용하지 않을 것이며 핵무기를 전면적으로 금지하고 폐기하는 문제를 논의해야 한다는 것이었다.[15] 북한은 핵실험에 성공한 중국에게 이는 아시아와 세계평화 사업에 대한 거대한 공헌이며 "미 제국주의의 핵 공갈"에 대한 유력한 타격이라고 축전을 보낸 바 있다.[16] 따라서 도의파는 핵실험에 성공한 북한을 중국이 강경한 어조로 비판하고 경제제재를 가한 것은 이미지를 실추시킨 행위라고 여긴다.

### 규범파

이들은 중국의 국제위상을 중요시하여 국제규범을 준수하자는 입장이다. 규범파는 두 유형으로 나눠볼 수 있다. 하나는 북한이 핵실험이나 미사일을 발사하면 국제조약에 의해 제재해야 한다는 입장이다. 마찬가지로 북한의 도발행위가 없는 상황에서 미국이 일방적으로 북한을 강압한다면 중국은 북한을 지지하고 미국을 비판하고 제재해야 한다고 주장한다. 한편, 다른 입장에서는 중국의 평화공존 5개항 원칙에 따라 중국은 북한의 핵개발을 인정해야 한다고 본다.[17] 이와 달리 현실주의적 입장에서는 북핵개발을 비판하지만 중국이 북한을 지켜보면서 평화적·외교적 방식으로 해결해야 한다고 주장한다.

### 완충지대 낙관파

이들에 따르면 북한은 미·중의 직접적 대치로 인한 중국의 부담을 줄일 수 있는 완충지대이다. 북한의 존재로 인해 중국이 미국으로부터의 안보위협을 덜 받기 때문에 북한의 체제유지 및 국가안정이 중국의 국익에 부합한다는 것이다.[18] 따라서 북한에 계속 지원하고, 미국으로부터의 강압을 완화시키고, 북중관계를 강화해야 한다고 주장한다.

### 완충지대 비관파

이들은 북한이라는 완충지대 자체가 중국의 안보에 마이너스라고 보는 시각이다. 남북한의 분단으로 인해 주한미군이 주둔하고 있는데, 한반도가 통일된다면 주한미군의 존재 이유가 사라지므로, 중국은 남북한 통일을 지지함으로써 완충지대가 중국에 주는 마이너스 요소를 줄여야 한다고 여긴다.[19]

### 지경학파

이들은 북한과의 경협을 통해 중국 동북지역의 경제발전을 활성화시키려는 의미에서 북중경협을 중시하는 학파이다. 이들은 경협을 통해 세 가지 이익을 얻을 수 있다고 본다.[20] 첫째, 낙후한 동북지역 경제의 활성화, 둘째 북한의 개혁개방을 유치하면서 중국의 대북원조 부담 감소, 셋째 북한이 경제발전을 통해 국제적 고립을 탈피하고 핵개발을 포기하도록 중국이 유도하는 것이다.

### 대미협상 낙관파

북한문제와 북핵문제의 존재가 중국의 대미협상에 유리하다는 입장이다. 이들은 중국이 북한과 북핵 문제를 대미협상의 카드로 쓸 수 있다고 본다.[21] 6자회담 시 중국의 역할에서 드러났던 것처럼 북핵문제가 없었더라면 미국이 중국을 무시했을 것이라고 보는 것이다.

### 대미협상 비관파

중국이 대미협상에 있어 북한 카드를 쓸 수 없다는 시각이다.[22] 북한은 주체사상 및 자주를 강조하는 국가이므로 중국이 북한을 이용하면 북한의 반감을 야기해 북중관계가 악화되고 오히려 영향력이 상실될 수 있기 때문이다. 다른 한편으로 여러 차례 진행된 북한의 핵실험과 도발 행위에 대해 중국이 포용하는 태도는 미중 간 갈등을 유발하고 많은 외교적 부담이 된다고 설명하기도 한다. 이들은 오히려 북한이 중국 카드를 이용하여 미국의 선제적 타격을 회피한다고 말한다.

중국 학계의 북한문제/북핵문제에 대한 인식과 그 변화는 위에서 정리한 바와 같이 구분해 볼 수 있다. 중국 당국의 입장 표명은 눈에 띄는 변화가 크게 나타나지 않지만, 학계의 대북인식 추이는 보다 상세하고 다양하며, 태도의 변화도 관찰된다는 점에서 중국 당국의 인식 변화를 유추하는 데 도움이 된다. 이러한 중국 학계의 다양한 논쟁의 결과는 지도부의 정책 대응 및 인식과 상통하거나 필요에 따라 선택적으로 취합, 반영되는 등 밀접히 연관되므로, 중국 지도부의 인식 및 그 변화에 대한 이해를 가능하게 한다.

## 02
## 중국식 독자주의란 무엇인가?

지식 엘리트들이 백가쟁명 식으로 대북정책에 대해 논쟁하는 가운데 2009년 여름부터 중국이 독자적인 대북정책을 펼쳤다. 이는 '정체성'과 '레드라인'의 구축, 이 두 가지가 종합적으로 반영된 것이다.

## 공동정체성 구축

북한과 중국은 다시 공동혁명에 대한 추억 속에서 공동정체성을 구축하려고 하였다. 중국 건국 60주년과 북중수교 60주년 전인 2008년 12월 북한은 『중국 동북해방전쟁을 도와』라는 책을 출판하였다. 이 책에는 1940년대 후반기 김일성이 중국공산당을 물심양면으로 도와주고 동북해방전쟁 승리를 위해 조선인부대들이 투쟁했던 역사가 기술되어 있다. 이는 북한의 도움을 잊은 중국에게 역사를 환기시키기 위한 것이다. 1940년대 후반 북한은 중국에 대한 '조선인민혁명군 지휘원'을 파견, 1945년부터 1949년까지 수십만여 정의 무기와 포 그리고 표련대, 공병부대를 조직하고 군복, 의약품 등을 지원해 주었다.[23]

한편, 2010년 당시 시진핑 부주석은 중국 지원군의 한국전쟁 참전 60주년의 기념 좌담회에서 발표한 연설에서 "항미원조는 평화를 수호하고 침략에 반항하려는 정의의 전쟁이었다."며 "이 승리로 중화민족은 어떤 강포한 것도 두려워하지 않으며 세계의 평화를 지키겠다는 견고한 결심과 역량을 보여주었고 우리의 국제지위를 극대화시켰다."[24]고 발언하였다.

이 시기 중국과 북한은 상호 투영하는 국가라는 인식이 강화된다. 공산혁명 및 인권문제에 있어 양국은 국제적 압력을 받고 있었기 때문이다. 2차 북핵위기 시 대미 반균형 정책을 전개한 중국은 북한과의 공동의 역사 인식 속에서 기존에 약화된 공동적 정체성을 강화시키려는 것으로 보였다. 이러한 맥락에서 중국은 2009년 '중조우호의 해', 원자바오 총리의 방북, 북중경협의 강화 등을 통해 소원해진 북중관계를 복원시켰다. 특히 2010년 후진타오 주석이 장춘까지 가서 방중한 김정일 위원장과 회담을 개최하였고, 그 자리에서 공식적으로 김일성 주석이 중국 혁명 승리에 커다란 기여를 했다고 언급하며[25] 양당 지도부 공동의 정체성을 강화하는

데 공조하였다.

  북중이 공동적 정체성을 구축하려는 이유는 동아시아 지역의 불균형으로 인해 중국의 인식 변화 때문이다. 2010년 3월 천안함 사건, 11월 연평도 사건 이후 한반도를 둘러싼 긴장 고조는 한·미·일 삼각동맹의 강화와 연합 군사훈련의 확대로 이어졌고, 중국은 동북아시아 위기 국면에 대해 강한 우려를 가지게 되었다. 한 예로, 2010년 원자바오 총리는 천안함 사건 이후 인터뷰에서 "성문에 난 불을 끄려고 해자의 물을 다 퍼내 물고기가 말라 죽다(城門失火, 殃及池魚)."는 표현으로 한반도의 전쟁위기가 고조되면 주변국 모두가 피해를 겪게 된다고 밝혔다.[26] 이 시기 중국은 중국 앞의 대문인 한반도에서의 위기 고조 원인을 2009년부터 명백해진 미국의 동아시아로의 회귀(pivot to Asia) 전략에 따른 대중국 재균형 행위로 파악하고, 천안함 사건 이후 항공모함을 동원한 한·미·일 연합 군사훈련 강화 및 확대에 강하게 반발했다. 북중의 '신밀월' 관계는 미국의 동아시아로의 회귀 전략에 따른 위협 인식 증대로 인해 중국으로서도 전략적 이해가 분명해진 까닭에 지속되었다. 2009년 들어 미국이 위안화 절상, 대만 문제, 티베트 문제 등에서 중국의 핵심이익을 위협할 뿐만 아니라 동아시아로의 회귀 전략에 입각해 중국의 주변국, 특히 남중국해에서 중국과 해양 분쟁이 있는 국가들과 공조를 보이면서 중국은 북한의 전략적 가치가 유효하다고 인식했다.[27] 그리고 중국은 북한 핵실험을 이유로 동아시아의 긴장국면을 격화하는 미국에 대한 반균형을 통해 동아시아의 안정을 지키고자 했다. 이것이 2009년 들어 진행된 북중 밀월기의 근원적 원인이 되었다.

## 대북정책의 레드라인 설정

북한의 핵실험이 중국 대북정책의 레드라인이 된다. 중국은 핵실험과 핵공갈로 인해 동아시아의 긴장국면을 조성하는 북한에 대해서 레드라인을 계속 지켜 왔다. 2013년 등장한 시진핑 지도부는 북한의 3차 핵실험이 동아시아 질서 및 안정을 훼손한다고 인식하면서 북한의 금융 분야를 포함하여 광범위한 제재를 가하고, 북한에게 잇달아 세 차례의 경고를 보냈다. 2013년 4월 6일 중국 왕이(王毅) 외교부장은 유엔 반기문 사무총장과의 통화에서 한반도는 중국의 인접국이며, 중국은 누구든 이 지역에서 도발행위를 진행하는 것을 반대하며 중국의 문 앞에서 사단을 일으키는 것을 허용하지 않겠다고 밝혔다.[28] 다음날 중국 시진핑 국가주석은 보아오포럼 개막 연설에서 "어떤 국가든 자신의 이익만을 위해 지역 및 세계를 혼란에 빠뜨리는 일은 용납될 수 없다."[29]고 말했다. 마지막으로 리커창 중국 총리는 13일 베이징을 방문한 존 케리 미국 국무장관과 만난 자리에서 한반도와 이 지역에서 자꾸 사단을 내는 것은 관련국 모두의 이익을 해치는 것으로, 이는 마치 돌을 들어 자기 발등을 내리찍는 것과 같다며 사실상 북한의 도발과 미국의 강압 모두를 중단할 것을 촉구하였다.[30]

중국의 적극적인 동참을 통한 만장일치로 유엔 안전보장이사회 대북제재 결의안 2087호, 2094호가 통과되었다. 유엔 안보리 2094호 결의안은 지금까지의 대북제재를 뛰어넘는 가장 높은 수위의 제재로 알려졌고 중국 역시 대북제재에 적극적이고 강한 태도를 보였다. 유엔에서 2094호 결의안이 채택된 직후인 3월 8일 중국 외교부 대변인은 정례 브리핑에서 북중관계는 "일반 국가 대 국가 관계"라고 공식 발언하였고,[31] 5월 중국의 4대 상업은행은 북한과 거래를 중단한다고 밝혔다. 그리고 2014년 상반기 중국의 대북 원유 수출은 전무하다는 보도가 나왔다.

북핵위기로 인해 북한이 중국의 완충지대라는 인식도 변했다. 만일 한반도에 통제 불가능의 사태가 벌어진다면 중국은 엄청난 대가를 치러야 한다. 그렇다고 북한을 전략적인 완충지대로 인식하여 북한과 우호관계를 구축한다는 것은 더욱 근거가 없다. 왜냐하면 소위 완충지대란 적대국과의 완충적인 작용을 할 수 있는 지대를 가리키는데, 한국과 급속히 진행되고 있는 경제협력만 보더라도 한국을 적대국으로 인식할 이유가 없기 때문이다. 더구나 혹여 북한의 핵개발 등의 위기가 발생한다면 전략적인 완충지대가 오히려 심각한 안보문제를 초래할 수도 있다.

물론 중국은 한편으로 북한의 도발 행동을 처벌하면서도 한편으로는 대화를 계속 시도하였다. 5월 22~24일 최룡해 북한 총정치국장이 김정은 제1국방위원장의 특사 자격으로 중국을 방문하여 비핵화를 위한 대화 재개를 상의하였다. 김계관 외무성 제1부상은 6월 18~22일 방중해 가진 북중 첫 전략대화에서 한반도 정세에 대한 양국 간 의사를 조율하였다. 또한 우다웨이(武大偉) 한반도사무특별대표와의 협의에서 6자회담을 포함한 다양한 형태의 대화를 재개하기를 희망한다는 의사를 표명했고 이에 중국은 긍정적으로 대응하였다. 그리고 7월 25~28일 전승절 60주년 기념행사를 위해 리위안차오 국가부주석이 방북하여 시진핑 주석의 '비핵화' 의지를 담은 친서를 전달한 것은 중국이 북핵문제에 대해서 대화를 통한 해결을 다시금 강조한 것으로 볼 수 있다.

그러나 중국은 북중관계의 냉각 시기에도 레드라인을 고수하는 의지를 보여주었다. 조선중앙통신은 8월 미얀마에서 열린 아세안지역안보포럼(ARF)에 참석한 리수용 외무상이 일본, 말레이시아, 캐나다, 몽골 등 9개 국가 외무상과 부수상 등과 회담한다는 내용을 보도한다. 하지만 왕이 중국 외교부장과의 회담에 대해서는 이례적으로 언급하지 않았다. 북한이 이처럼 리수용 외무상의 동정을 보도하면서 왕이 외교부장과의 회담 소식을 다루지 않은 것은 중국에 대한 불편한 심기를 드러낸 의도적 행동이라는 관측이 있다. 북한은 7월 북중조약 체결 기념일에도 북중 친선을 강조하는 메시지를 내놓지 않고 북핵문제에서 국제사회와 보조를 같이하는 중국을 '줏대 없는 나라'라고 비꼬기도 한다.

2014년에 중국은 자신들이 설정한 레드라인을 계속 지키는 모습을 보였다. 이는 2014년 한국을 방문한 시진핑 주석이 박근혜 대통령과 회담할 때 언급한 북핵불용 입장에서도 확인할 수 있다. 시진핑 주석의 방한 기간 동안 한중이 "북핵불용"을 재확인한 후 북중관계가 상당히 냉각된 것이 사실이다. 9월 9일 북한 국가수립을 기념해 시진핑 주석이 보낸 축전은 로동신문 9일자 3면에 실렸는데, 이는 김정은이 시리아 대통령에게 보낸 생일축전보다 뒤로 밀린 것이며 심지어 10일자 신문에서는 푸틴 러시아 대통령의 축전을 1면에 실어 북한이 중국에 대해 상당히 불만 있음을 다시 표현했다. 시진핑 주석이 축전을 보냈다는 것 자체가 틀어진 북중관계의 회복을 의미한다는 의견도 있지만, 양국 사이의 냉랭한 분위기는 당분간 이어질 것으로 보인다.[32] 또한 시진핑 주석의 축전에 북중 친선관계의 기본 원칙을 담은 16자 방침이 생략된 것은 주목할 만하다.

## 03

### 향후 전망?

북중 간 핵문제는 북중동맹에서 북한이 중국을 결박하는 능력이 되는 동시에 중국이 북한을 결박하는 원인이 된다.[33] 즉 핵문제로 인해 북중동맹의 성격이 균형동맹에서 결박동맹으로 전환되고 불신과 갈등이 나타나는 것이다. 그렇다면 핵을 가진 북한에 대한 중국의 인식과 태도 그리고 정책 선택을 주목할 수밖에 없다. 본 연구는 2차 북한 핵실험 이후 중국은 1, 2차 북핵위기에서와 같이 미국과 행보를 같이하지 않고 독자적인 북핵정책을 펼친다고 주장한다. 사실 중국이 북핵위기에 대해 취한 태도는 크게 달라졌다. 2009년 5월 제2차 북핵실험 이후 중국은 어떠한 외교적인 중재도 하지 않고 사태의 진전을 지켜보면서 북한의 태도 변화를 기다렸다. 북한 핵실험 이후부터 8월까지 중국과 북한 간에는 고위급의 인사 왕래가 없는 상태였다. 그러나 여름에 중국의 대북인식이 변화되면서 공동정체성을 구축하고 레드라인을 지키는 것을 통해 대북 영향력을 확대하려 하였다. 중국은 북핵위기는 더 이상 북미 양자의 일이 아니며, 자신이 핵위기 당사자라고 여기게 되었다.

중국은 과거 북한이 도발할 때 미국을 따라 제재할 것인지에 관해 처했던 딜레마에서 탈피하였다. 중국 정부가 북한의 핵개발이 근본적으로 인류사회의 존망을 위협하고 모든 주변국이 직면한 공통의 문제라고 인식했기 때문이다.

북한은 자국이 중국의 완충지대로서 미국이 직접적으로 중국에 위협을 가하는 것을 막음으로써 중국의 국가이익을 지킨다고 생각했다. 따라서 김정일 국방위원장은 중국의 대북지원과 북핵문제 해결을 중국의 국익을 위한 당연한 행동이라고 생각해서 중국에 감사해 하지 않았다.[34] 이에 따라 중국은 포괄적인 핵심이익을 제기하면서 북핵문제는 북미 양자 문제이자 지역 문제이면서 중국이 대국화하는 데 중요한 문제로 여기게 되었다. 그 결과 중국은 북한문제와 북핵문제를 분리시킴으로써 레드라인을 설정하여 북핵문제에 대응하였다. 따라서 앞으로 중국의 대북정책과 북중관계가 북한의 행위에 의해 포용과 견제, 장려와 징벌로 계속 이어질 것으로 전망할 수 있다.

---

1 이 글은 본인의 서울대학교 정치학박사 학위논문(중국의 국가정체성과 북핵정책의 변화: 상대적 지위, 국가성격, 국가이익을 중심으로) (2015.2.)의 일부내용을 수정 및 보완한 것임.
2 Robert Jervis, *Perception and Misperception in International Politics*, Princeton University Press, 1976.
3 이러한 해석이 미시적 시각으로 정책결정자의 인식과 오인에 대한 설명력은 있지만 국가의 거시적 정책에 대한 설명력이 떨어진다고 지적할 수 있다.
4 David Shambaugh, "Containment or Engagement of China? Calculating Beijing's Responses," *International Security*, Vol.21, No.2(1996).
5 이희옥, "북중관계의 새로운 발전,"『동아시아 브리프』, 제5권 2호, 2010.
6 薛瀾 외, "中國思想庫的社會職能: 以政策過程為中心的改革之路,"『管理世界』, 2009年 第4期.
7 Zhu Xufeng, "The Influence of Thinktanks in the Chinese Policy Process: Different Ways and Mechanisms," *Asian Survey*, Vol.49, No.2(2009); Zhu Xufeng, "Government Advisors or Public Advocates? Role of Thinktanks in China from the Perspective of Regional Variations," *The China Quarterly*, 2011.
8 치바오량, "중국의 대한 정책: 불편한 전략적 동반자 관계," 문정인 지음,『중국의 내일을 묻다』, 삼성경제연구소, 2010, pp.332-333; 李熙玉, "中国の朝鮮半島政策の変化と中韓関係," 小此木政夫·文正仁·西野純也 編著,『転換期の東アジアと北朝鮮問題』, 慶應義塾大学出版会, 2012, pp.48-49.
9 International Crisis Group, "Shades of Red: China's Debate over North Korea," *Asia Report*, No.179, 2009.
10 2013년 2월 12일 북한 3차 핵실험 계기로 전략파의 논지가 증대되고 있다. 대표적으로 장렌구이는 북한 핵실험 때문에 핵 방사능 유출 사고가 있을 수도 있다는 우려를 표출하면서 중국이 국제사회에서 북한문제로 인한 부담을 지고 있을 뿐 아니라 핵실험으로 인한 직접적인 피해를 당할 수도 있다고 주장한다. 핵실험을 강행하는 북한은 중국 주변 정세의 지속적 긴장을 초래하며, 이는 발전에 전념해야 하는 중국의 국가이익을 침해하기 때문에 중국은 북한 핵실험의 최대 피해자라는 인식이다. 張璉瑰, "維護朝鮮半島無核化出于成敗關鍵期,"『東北亞論壇』, 2013年 第3期.
11 박용국, "북중관계 재정상화 성격 연구: 2차 북핵실험 이후를 중심으로," 성균관대학교 박사학위논문, 2014.
12 李熙玉, "中国の朝鮮半島政策の変化と中韓関係," 小此木政夫·文正仁·西野純也 編著,『転換期の東アジアと北朝鮮問題』, 慶應義塾大学出版会, 2012, p.49.
13 虞少華, "朝核問題轉圜與六方會談前景,"『國際問題研究』, 2007年 第3期; 王宜勝, "朝鮮半島無核化問題前景分析,"『韓國研究論叢』, 2008年 第1期; 王宜勝, "朝鮮戰爭中的危機管理問題研究,"『韓國研究論叢』, 2009年 第1期.
14 沈丁立, "朝美棄核政治與前景,"『韓國研究論叢』, 2007年 第2期; 于美華, "朝鮮半島形勢及中國政策分析,"『現代國際關系』, 1996年 第10期.
15 구갑우,『비판적 평화연구와 한반도』, 서울: 도서출판 후마니타스, 2007, pp.284-285 각주.

16 新華社十月十八日訊, 人民日報, 1964年 10月 19日.
17 李熙玉, "中国の朝鮮半島政策の変化と中韓関係," 小此木政夫・文正仁・西野純也 編著, 『転換期の東アジアと北朝鮮問題』, 慶應義塾大学出版会, 2012, pp. 49; 李熙玉, "ポスト冷戦期の中朝関係: 連続と非連続," *KEIO SFC Journal*, Vol. 10 No. 2(2011), 慶應義塾大学湘南藤沢学会; 曲星, "堅持 '韜光養晦, 有所作為' 的外交戰略," 『中國人民大學學報』, 2001年 第5期.
18 羅援, "偉大的抗美援朝精神萬歲," 『瞭望』, 2010年 40期; 戚保良・楊伯江・程玉潔・常志忠, "朝鮮半島緩和進程中的東北亞地區形勢," 『現代國際關系』, 2001年 第1期; 王在邦・李軍, "朝鮮二次核試探源與外交思考," 『現代國際關系』, 2009年 第6-7期; 王在邦, "朝鮮平穩過渡的經濟社會基礎," 『現代國際關系』, 2012年 第1期; 陳峰君, "21世紀朝鮮半島對中國的戰略意義," 『國際政治研究』, 2005年 第4期; 楊毅, "戰略機遇期的中國國家安全," 『教學與研究』, 2006年第4期; 楚樹龍・金一南・顧國良, "核武器發展有 '動力'," 『世界知識』, 2003年 第22期; 崔立如, "朝鮮半島安全問題: 中國的作用," 『現代國際關系』, 2006年 第9期; 黃鳳志, "東亞地區均勢安全格局探析," 『現代國際關系』, 2006年 第10期; 黃鳳志・金新, "朝核問題六方會談機制評析," 『現代國際關系』, 2011年 12期; 朴鍵一, "朝鮮半島核問題與新世紀中國外交," 『東疆學刊』, 2007年 第2期.
19 金景一・金強一, "朝鮮半島的地緣政治及其對我國的影響研究," 『延邊大學學報』, 2008年 第4期.
20 呂超, "中國確立東北亞安全環境的戰略選擇," 『世界經濟與政治』, 2008年 第7期; 張東明, "朝鮮半島南北陸路交通連接開通的戰略意義: 從構築東北亞物流網絡的視角," 『韓國學論文集』, 2010年.
21 蘇浩, "東亞的區域主義與朝鮮半島的統一進程," 『外交學院學報』, 2001年 第1期; 夏立平, "論美韓同盟的修復與擴展," 『美國問題研究』, 2008年 第1期; 滿海峰, "解讀與展望: 美國應對朝核問題的政策選擇," 『當代韓國』, 2008年 第4期; 時殷弘, "非傳統安全與中美反擴散博弈: 在朝鮮及伊朗核問題上," 『現代國際關系』, 2010年 第5期; 金燦榮, "東北亞新變局與 '後金正日時代' 的朝鮮半島," 『現代國際關系』, 2012年 第1期; 林利民, "朝核危機管理與中國的外交抉擇," 『現代國際關系』, 2006年 第8期; 崔志鷹, "核危機 與中美關系前景," 『東北亞論壇』, 2004年 第4期.
22 沈志華, "試論朝鮮戰爭期間的中朝同盟關系," 『歷史教學問題』, 2012年 第1期; 成曉河, "主義與安全之爭: 60年代朝鮮與中, 蘇關系的演變," 『外交評論』, 2009年 第2期; 沈驥如, "維護東北亞安全的當務之急: 制止朝核問題上的危險博弈," 『世界經濟與政治』, 2003年 第9期; 吳心伯, "中美摩擦不會影響中美關系的大局," 『世界知識』, 2010年 第4期.
23 길재준・리상전, 『중국 동북해방전쟁을 도와』, 평양: 과학백과사전출판사, 2008년, pp. 312-316.
24 "在紀念中國人民志願軍抗美援朝出國作戰60周年座談會上的講話," 『人民日報』, 2010년 10월 26일.
25 『조선중앙년감』, p. 362.
26 "溫家寶: 城門失火, 殃及池魚," http://news.sina.com.cn/w/2010-06-03/060817602769s. shtml(검색일: 2013년 8월 25일).
27 黃鳳志, 『東北亞地區政治與安全報告』, 北京: 社會科學文獻出版社, 2012.
28 "王毅與潘基文通話稱中國有信心管好家門口的事," http://www.china.com.cn/international/txt/2013-04/12/content_28519582.htm(검색일: 2013년 4월 17일).
29 "習近平 '不能爲一己之私' 警告誰," http://news.xinhuanet.com/comments/2013-04/08/c_115307266.htm(검색일: 2013년 4월 17일).
30 "李克强會見克里: 在半島挑事會搬石頭砸自己脚," http://www.china.com.cn/

international/txt/2013-04/14/content_28535644.htm(검색일: 2013년 4월 17일).
31 중국 외교부 정례 브리핑, 2013년 3월 8일.
32 "시진핑 축전 푸틴에 밀려…의도적 깎아내리기," http://mbn.mk.co.kr/pages/news/news View.php?category=mbn00006&news_seq_no=1976762(검색일: 2014년 9월 20일).
33 김태경, "자주와 동맹 사이에서: 북한의 핵보유와 결박동맹(2002~2009)," 『사회과학연구』, 제28집 1호(2012); 최명해, 『중국 북한 동맹관계: 불편한 동거의 역사』, 오름, 2009.
34 David M. Lampton, *Following the Leader Ruling China, from Deng Xiaoping to Xi Jinping*, University of California Press, 2014, p.194.

## 12. 북한은 중국의 부상에 대하여 어떠한 전략을 취하는가?[1]

박용국(중국 연변대 교수)

북한의 대중국 인식은 이중성을 갖고 있다. 중국의 경제적·외교적 지원은 북한의 국가 생존에 필수적이기 때문에 북한은 중국을 절실한 후원세력, 협력자로 인식하고 있다. 반면 최근 북핵문제에 의한 중국의 대북 제재 참여와 '비우호적인' 행태, 중국의 급부상에 따른 양국 간 "이해관계" 차이의 증대, 이데올로기 차이의 확대 등에 의하여 북한은 자신이 언제든지 중국으로부터 버림(抛弃)받을 수 있다는 의구심이 깊다. 예컨대 북한은 북중관계를 "피와 탄환"으로 표현하면서도, 중국이 대만해협에서 이익을 얻기 위해서라면 기꺼이 자신을 희생시킬 것이라고 인식하고 있다. 이러한 이중적 인식은 북한의 대중국 정책 결정과정에서 이중적 구조로 작용하게 되었으며, 상호 모순적 인식을 동시에 해결해야 하는 전략적 딜레마를 낳게 되었다. 이러한 이중적 인식으로 인해 북한은 대중국 정책을 전개함에 있어 헤징전략[2]을 취하고 있다.

## 01

## 북한의 대중국 인식은?

동북아는 역내국가 간 다자주의 협력 메커니즘이 존재하지 않고 힘에 의해 질서가 변화되는 세력균형체제를 벗어나지 못하고 있기 때문에 힘의 배분 구조 및 변화가 지역안보질서에 여전히 중대한 변수로 작용하고 있다. 이러한 동북아 역학관계의 변화를 이끌고 있는 핵심요인은 중국의 부상과 미국의 상대적 약화이다. 천안함과 같은 사건들은 동북아에서 중국과 미국이 비록 경제적 교류와 협력은 심화되었지만 안보적 대립구도에서 여전히 벗어나지 못하였음을 시사한다. 중국과 미국의 역학관계 변화에 따른 새로운 동북아 세력균형체제의 형성에 있어서 북한은 지정학적으로나 양자관계에 의해 자유롭지 못하다.

세력균형(balance of power)이론에 의하면 약소국의 입장에서는 대체로 세 가지 방안이 가능하다. 첫째는 세력균형에 무관하거나 중립적인 입장을 견지하는 것이다. 이 경우 세력균형을 위한 복잡한 계산과 노력은 필요 없지만, 능동적인 대외정책 수립 및 시행이 곤란하고, 잘못하면 세력균형의 틈바구니 속에서 억울한 희생자가 될 수 있다. 두 번째는 강대국과 동맹관계를 맺음으로써 편승하는 방법인데, 이 경우는 강대국의 세력을 이용해 우세한 균형을 추구할 수 있지만, 자주성이 위협받을 우려가 있다. 세 번째는 균형자의 역할을 자임하는 것으로, 상대적으로 작은 국력으로도 주도권을 행사할 수는 있으나, 잘못될 경우에는 외교력만 낭비하고 오히려 고립될 우려가 있다.[3]

이에 따르면 약소국의 입장에서는 균형자 역할이 가장 이상적이라 할 수 있다. 북한 역시 중·미 세력경쟁을 이용해 자국의 전략적 위상을 높이려 한다. 그러나 중국과의 「중조우호협력조약」이 여전히 유효하고 한·미·일이 대북 적대적 정책을 지속하고 있는 상황에서 북한은 진영을 바꾸면서 균형자 역할을 할 수 있는 절대적 행동의 자유를 보유하지는 못하고 있다. 특히 선군정치 속에서 핵무기 개발을 강화하여 자주안보를 추구하고 있는 북한은 지역정세 변화의 주요한 추동세력인 동시에 피해자로서 동북아 역학관계 변화에 깊이 개입되어 있다. 따라서 국제적으로 고립된 북한으로서는 균형 동맹보다는 편승 동맹 정책을 취하는 것이 비록 자주성을 위협받을 수는 있지만 급변하는 동북아 안보환경 속에서는 그나마 가장 안정적인 선택이라 할 수 있다.

사실 북한은 중국의 부상이 기본적으로 미국과 일본의 북한에 대한 위협을 완화시킬 것으로 보고 있다.[4] 그리고 북핵문제로 북중관계가 갈등을 겪고, 2009년부터 이라크 주둔 미군 전투부대가 철군계획을 발표함에 따라 안보문제가 국가의 가장 중요한 전략이익으로 되었다. 특히 천안함 사건으로 한국의 대북 핵억제능력과 전통적 억제능력이 질적으로 높아지고 한·미·일 삼각동맹체제가 강화됨에 따라 비대칭 위협이 더욱 심화되면서 안보와 동맹의 딜레마에 종종 처하게 되었다.

미국은 아시아 '재균형' 정책으로 한반도문제에 적극적으로 개입하고 있다. 한반도 안보상황의 취약성, 한·미·일과의 적대관계 등을 고려하면 북한으로서는 미국의 아시아 '재균형'에서 오는 위험이 안보와 체제에 대한 직접적 위협으로 인식된다.[5] 안보에 있어 위험이 위협으로 인식될 때 안보딜레마는 가장 심각하다. 미국의 아시아 '재균형'에 대응하여 중국은 북한의 안보 불안을 어느 정도 인정해 주면서 북한을 자신의 대외정책의 이해관계 속에서 관리해 세력 간 균형을 잡는 데 초점을 맞추려 한다. 시진핑 주석이 2013년 10월에 열린 주변외교업무좌담회에서 주변국을 "운명공동체(命运共同体)"로 강조한 것 역시 대미균형을 염두에 둔 것이라 할 수 있다. 북한은 이러한 중국의 이해관계를 이용하여 중국을 결박해 미국의 안보위협에 대해 위협균형을 맞출 수 있다.

이처럼 북한이 자주안보와 안보자율성의 한계를 인정할 경우 선택할 수 있는 최선의 방안은 "북중동맹"의 지속적인 유지와 강화이다. 중국과 같은 후견세력이 존재하지 않을 경우 북한은 국제적 고립에서 체제를 유지하기 어려울 것이며 강대국 간 세력경쟁의 희생자가 될 수 있다. 실제로 중국은 북한의 3차례 핵실험에서 국제사회의 대북제재에 동참했지만 "제재자"보다는 "완충자"의 역할을 더 충실하게 해 왔다.

과거 북한은 워싱턴을 경유하지 않고는 주요 서방국가와 그들이 필요로 하는 어떠한 대외관계의 개선도 불가능하다는 역사적 교훈을 학습했다.[6] 따라서 북한은 지난 2차 북핵위기 과정에서도 중국의 '중재' 보다 미국과의 양자협상을 주장했다. 그러나 2008년 글로벌 금융위기 이후 중·미관계가 구조적으로 변화하면서 동북아에서 중국의 영향력이 강화되고 대미 균형전략도 강화되었다. 이는 한반도에서 전형적으로 나타나고 있다. 천안함·연평도 사건 발생 시 중국의 '북한 감싸기'가 바로 이를 드러내고 있다. 즉 중국의 대북정책이 과거보다 능동적으로 전개되고 있다.

중국의 대미균형과 능동적인 외교에 의하여 북한은 중국이 자국의 안보부담을 덜어줄 수 있을 뿐만 아니라 동북아에서 미국에 도전할 수 있는 하나의 축이 될 것이라고 인식할 수 있다. 천안함·연평도 사건에서 미국에 대한 중국의 견제는 북한이 중국 변수를 새롭게 인식하는 계기가 되었다. 중국이 한반도에서 대미균형을 위한 동맹딜레마 관리를 강화한다면 북한의 전략적 가치는 상승할 수 있다. 이는 미국의 아시아 재균형 정책이 북한에게 위협일 수도 있지만 기회가 될 수도 있음을 시사한다. 이대로라면 북한은 현실적으로 남북관계, 북·미관계의 교착국면에서 적어도 중국을 묶어두면서 대화공세를 전개할 수 있다.

그러나 다른 한편으로 북한은 중국에 대하여 여전히 큰 불만과 불신을 가지고 있다. 우선 북한은 중국이 국제적 고립과 반대에도 불구하고 핵무기를 개발한 과거사를 거론하면서 현재 자신들의 핵개발을 이해하지 못

**표 1** 북핵실험 이후 북중관계

| 시기변화<br>내용 | 1차 북핵실험 | 2차 북핵실험 | 3차 북핵실험 |
|---|---|---|---|
| 대미인식 | 북핵문제에 있어 이익 공유자, 협력을 통해 공동문제 대응 | 한반도 이익균형자 지역질서 경쟁자 | 협력과 경쟁자 신형대국관계 |
| 중국의 역할 | 중재자 | 균형자 | 관리자 |
| 북핵문제에 대한 중국 인식 | 북·미 양자문제 동북아 핵도미노 증대 | 북·미 양자문제 북한체제 불확실성 증대 | 북·중·미 다자문제, 미국의 아시아 재균형에 빌미 제공 |
| 북한에 대한 중국 인식 | 전략적 부담 | 전략적 자산 | 기본적으로 전략적 자산 유지 |
| 핵실험에 대한 중국 태도 | 제멋대로(悍然) 핵실험, 핵확산 반대 | 핵실험 강력히 반대 핵확산 반대 | 핵실험 강력히 반대 핵확산 방지(防止) |
| 중국의 대북한 정책 우선순위 | 평화(和平) 안정(穩定) 비핵화(無核) | 전쟁방지(不戰) 혼란억제(不亂) 비핵화(無核) | 비핵화 평화 안정[7] |
| 중국의 대응 전략 | 대북제재 동참 압박과 유인 | 대북제재 동참 경제협력, 교류 확대 | 대북제재 동참 경제협력 지속 교류에 냉담한 태도 |
| 중국에 대한 북한 반응 | 미국에 추종하는 세력[8] | 중국과 러시아에 핵실험 원인을 전가, 비난 약화 | 미국의 강권에 눌려 공정한 국제질서의 원칙마저 버린 국가[9] |
| 중국의 북중 관계 설정 | 전통적 우호협력관계(睦邻友好合作关系)[10] | 전통적 우호협력관계[11] | 주변국관계[12] |

※ 필자 작성

한 데 큰 불만을 갖고 있다. 하지만 중국은 북핵문제에 있어서 여전히 한반도 비핵화를 위한 북한의 실제적인 행동을 요구하고 있다. 앞의 표 1을 보면 중국의 대북정책은 북핵실험에 반응하여 일정한 변화를 보이고 있음을 알 수 있다. 중국이 국제사회의 지속적인 압력과 책임대국으로서의 국제적 영향 등을 고려하여 언제든지 대북정책을 전환시킬 수 있는 가능성을 내포하고 있다. 특히 글로벌 금융위기 이후 중국이 지역 강국으로부터 세계적 강국으로 부상하면서 '신형대국'이라는 외교적 기조를 제창함에 따라 북한의 지정학적 가치는 약화될 수 있다. 중국은 국제사회에서의 높아진 위상에 걸맞은 역할을 수행하는 동시에 북핵문제에서도 더욱 적극적인 역할을 행사할 수 있으며 이것은 새로운 대북 '압박'으로 이어질 수 있다.

다음으로 북한은 중국의 "나약한(无能)" 외교에 대한 실망과 불신이 여전히 남아 있다. 과거 중국은 북한의 "맏형"이었으며 한반도에서 한·미 동맹에 대응해 북·중 응집도를 강화하였다. 그러나 탈냉전 이후 중국은 동북아 다자안보체제를 주도해 왔으며 국제적 위상이 높아짐에 따라 '무조건적'인 북한 옹호를 지속할 수 없는 상황이다. 전통적으로 동북아 다자안보협력에 적극적인 입장을 견지해 온 러시아도 북한에 '무조건'적 안보 지원을 하려 하지 않는다. 예컨대 천안함 사건 당시 한반도는 남방삼각(한·미·일)과 북방삼각(북·중·러)의 대립 구도가 재현되고 있는 인상을 주었지만 동맹정치에서 북한은 한국에 비해 아주 큰 열세에 처했다. 이는 한·미·일은 2개의 동맹조약을 통해 긴밀하게 연결되어 있는 데 비해 북방 3국은 동맹관계이거나 과거 동맹관계였다는 이유와 지정학적 이해관계의 계산에 의해 연결되었기에 응집력이 매우 약해졌기 때문이다. 이러한 국제적 고립과 비대칭적인 동북아 국제관계에서 2차 핵실험 이후 양국의 지도자 상호방문을 통하여 북중관계가 회복되기는 하였지만 이는 북한의 안보딜레마와 동맹딜레마를 해소시키지 못했으며, 미국의 아시아 '재균형' 정책은 이를 더욱 심화시켰다.

비록 미국의 아시아 '재균형'은 대중국 견제에 초점이 맞춰지고 있지만 이에 대한 중국과 북한이 공유하는 위험 수준은 여전히 큰 차이가 있다. 미국의 아시아 '재균형'은 중국의 부상을 억제하고 아시아에서의 지도자 역할을 공고히 하려는 의도가 강하다. 그러나 중·미 양국은 경제협력, 전략적 대화, 정상회담 등 협력시스템을 통해 세력경쟁이 파국으로 이어지는 것을 제어할 수 있다. 특히 미국은 여전히 기준권력(default power)을 갖고 있으며 중국의 도전은 제한적이다.

이러한 점에서 중·미 간 세력경쟁에도 불구하고 양국관계는 북한이 바라는 대립적 관계보다는 안정적으로 유지될 가능성이 크다. 특히 '신형대국관계'를 추구하는 중국에게 북핵·북한문제는 중·미가 공동 관리해야 하는 시범 케이스가 될 수도 있다.[13] 2013년 1월 중국 정부가 북한의 로켓발사에 대한 유엔제재결의안에 동의한 데 대해 북한이 중국을 "미국의 강권에 눌려 지켜야 할 원칙마저 버렸다."[14]고 비난한 것도 중국이 새로운 중·미관계를 추구하는 과정에서 북한을 '포기'할 수 있다는 안보 불안감과 불신이 깊이 내재되어 있기 때문이다.

또한 중국의 강대국화가 예상보다 빠르게 이루어지면서 중국의 한반도 정책이 대미정책과 중·미관계에 더욱 신속하게 종속되고 있다.[15] 만약 미국의 아시아 '재균형'과 중국의 대미 반균형 전략에 의한 중·미 간 세력경쟁이 심화되면 이는 한·미동맹과 북·중동맹이라는 한반도의 안보역학 관계와 연계될 수 있으며 북한의 안보자율성은 중·미관계라는 구조의 제한을 강하게 받을 수 있다. 이렇게 되면 대미 협상을 위한 북핵 카드가 실효성을 잃을 수 있으며 북한의 자주성은 큰 제한을 받을 수 있다.

## 02
## 북한은 어떻게 대중국 헤징전략을 전개하였는가?

북한은 우선 유화적 외교를 통한 대중국 헤징전략을 전개했다. 북한의 대중국 접근은 대외적 위기를 타개하기 위해 선택하는 대외전략 중 하나이다. 북한의 대중국 접근 강화 시기는 북한이 대외적 수세에서 돌파구를 찾아야만 할 시기에 이루어졌다는 점이다. 바꾸어 말하면 대내외적으로 안정적인 시기에는 대중국 접근이 약화되었다.

1차 북핵실험 이후 북·미관계의 진전에 균형을 맞추기 위하여 2007년 4월 원자바오(溫家宝) 총리가 한국을 방문해 한국을 '끌어안는' 지정학적 전략을 전개했다. 그리고 북·미 양국이 2008년 4월 핵신고서 내용에 잠정합의하고 비공개 양해각서를 채택하는 등 협상이 한창인 가운데 2008년 5월과 8월 한·중 양국은 두 차례 정상회담을 갖고 한·중 '전략적 협력 동반자관계'에 합의했다. 이에 북한은 상당히 당혹스러워했다. 북한은 동맹국에 대한 헤징은 동맹국으로부터의 보복을 의미하며, 동맹국과 적대국 모두에게 '방기'될 수 있음을 인식하지 않을 수 없었다.

북한은 미국과의 관계개선과 핵보유국이라는 전략목표 실현 과정에서 중국의 '관리' 체제로 돌아가는 것을 바라지 않았지만 북중관계가 한층 더 악화되는 것을 완화하기 위해 중국의 '중재'를 다시 유화적으로 받아들이는 양상을 보였다. 중국도 미국과의 협력으로 북한을 '공동 관리'하려던 전략에서 벗어나 북한과의 대화 재개를 촉진하는 모습을 보이기 시작했다.

당시 북한으로서는 중국보다 미국과의 관계개선이 급선무였다. 그러나 부시 행정부는 글로벌 금융위기와 대선이라는 국내문제 해결이 우선순위였으며, 이명박 정부의 대북 강경정책도 무시할 수 없었다. 그리고 정치적으로 한·미동맹, 한·중관계 강화와 대조되게 북중관계가 악화되었으며, 군사적으로 핵실험에 대한 국제사회의 부정적 태도로 인해 핵보유 전략은 적잖은 한계를 가지고 있었다. 또한 경제적으로 핵무기 개발을 위한 과도한 비용지출을 메울 수 있는 외부적 지원이 '완전히' 차단되었다. 특히 2008년 8월 김정일 위원장의 건강이상이 발생하면서 북한체제 '붕괴'라는 우려도 함께 제기되면서 북한은 전략적 위기 상황에 빠져들었던 것이다.

북한이 2차 핵실험으로 국제사회의 강력한 제재를 받는 가운데 천안함 사건의 유일한 용의자로 지목되고, 한·미 양국의 대북 제재안이 논의되고 있는 상황에서 김정일 위원장은 2010년 5월 중국을 방문하였고 1년 사이에 두 차례나 더 연이어 중국을 방문하였다.

당시 중국과 북한 간의 현안은 크게 경제지원과 협력, 후계 권력승계, 그리고 북핵 6자회담 재개 문제 등 세 가지로 집약할 수 있다.[16] 5월 방중 이후 북한은 기존의 강경 입장을 다소 약화시켜 6자회담 재개에 유리한 조건을 마련할 용의를 표명하였다.[17] 이는 북한이 미국의 호응을 유도하는 동시에 6자회담과 천안함 사건을 별개의 사안으로 하는 중국의 분리 접근법에 협력함으로써 중국의 중재를 이끌어내기 위한 것이었다.

김정일 위원장은 3차례의 중국 방문을 통해 긴밀한 북중관계를 대외에 과시하는 동시에 양국 간 정치, 경제, 군사 영역의 고위급 교류와 민간단체의 교류를 확대했다. 뿐만 아니라 김정일 위원장은 2009년 원자바오 총리의 방북 이후 사망 전 2년 사이에 10차례 이상 북한을 방문한 중국의 고위급 인사들을 접견하였으며[18] 수시로 중국 대사를 불러 신년음악회

등을 관람케 함으로써 북중관계 공고화에 적극적인 모습을 보여주었다. 이는 북한이 한·미·일 동맹의 강화에 대응하고자 하는 중국의 전략적 이해관계에 적극적으로 협력하기 위한 것이었다. 즉 북한은 중국의 대미균형을 활용해 대미협상력을 높이는 한편 한국과 일본과의 관계에서 전략적 균형을 맞추려 했다.

최근 북중관계에 이상기류가 형성되고 양국 간 교류가 냉담해지고 있지만 최룡해가 시진핑과의 면담에서 "6자회담 등 다양한 형식의 대화와 협상을 수용"한다는 의사를 표시한 것도 중국의 압박에 대한 북한의 "순응"으로 볼 수 있다. 북한의 입장에서는 장성택 사건 등으로 북중관계가 더 이상 최악으로 내닫는 것을 제어할 필요를 인식했기 때문이다. 따라서 비록 북·중 정상회담이 성사되지는 않았지만 북한은 중국에 대한 대화의 줄을 놓지 않으려 하고 있다.

다음으로 북한은 공세적인 외교를 통한 대중국 헤징을 전개했다. 북한은 중국의 "중재"와 "압박"에도 불구하고 "제멋대로(悍然)" 1차 핵실험을 강행하였다. 북한의 1차 핵실험은 부시 정부의 대북정책과 중국의 북핵문제 '중재'의 실패를 의미한다. 북한의 핵실험에 대해 국제사회는 '대북제재 결의 1718호'를 채택했으나, 북한의 핵능력 강화를 제지시키지 못했다. 1차 핵실험 이후 중국의 '압박'과 '개입'이 강화되자 북한은 자신의 최대 안보위협 세력인 미국과 직접 양자협상을 통해 핵심적인 문제를 풀어가는 방식으로 중국을 견제했다. 북한에 가장 이상적인 동북아 국제정치 구도는 중·미 간 세력균형적 대립 양상이기 때문에[19] 북한은 과거 냉전기 중·소 등거리 외교처럼 중·미 사이에서 적절한 균형을 취하여 자주성을 견지하는 가운데 실리를 극대화하려 했다.

북한은 미국과의 협상에서 "중국은 우리를 이용만 하려 한다.", "핵문제 해결을 중국에 너무 기대하지 말라."며[20] 동맹국인 중국을 견제하는가하면, 한반도 평화체제 수립과 관련해 중국을 배제하려는 의사를 밝혔다.[21] 부시 정부는 압력과 제재 위주의 대북정책의 한계를 인식하고 제재에 인센티브를 결합하는 새로운 접근방법을 사용하기 시작했다. 미국의 협력적 조치에 북한은 미국과 2007년에 '2·13합의'와 '10·3합의'를 이끌어냈다. 북한은 1차 핵실험을 계기로 핵협상의 새로운 모멘텀을 마련했으며 중국의 북핵 '중재자' 역할은 약화되었다.

북한이 미국을 유인해 직접 대화를 주장하고 중국을 배제하려는 것은 대미관계를 더욱 중시하는 중국에 대한 일종의 '경고' 의미를 갖고 있다. 동시에 미국의 전략적 이해(대중 견제)에 협조할 수 있다는 대미 협상의지를 보여주어 핵보유국의 지위를 '묵인' 받기 위한 것이라는 평가도 있다.[22] 북한은 '북한정권의 안정 유지'란 목표에 '인질화'된 중국의 딜레마를 파악하고[23] 군사적 차원에서 내적 균형을 도모해 중국과의 관계에 있어서 보다 다양한 게임을 지속적으로 전개하려 했다.[24]

이러한 이해관계 속에서 북한은 중국의 반대에도 불구하고 2009년 4월 14일에 6자회담 퇴출을 선언하고 핵사찰 인원들을 축출했으며 5월 25일에 2차 핵실험을 강행했다. 북한의 2차 핵실험 계획은 치밀한 계산에 의해 진행되었던 것이다. 우선 미국이 이라크와 아프가니스탄 두 곳에서 전쟁을 하고 있고 금융위기에 의한 경제 침체로 인해 천문학적 전쟁비용을 감당하기 어려운 상황에서 북핵문제 해결을 위해 강력한 경제제재나 군사력은 동원할 수 없다고 판단하였을 것이다. 둘째, 북한은 '북한정권의 안정 유지'란 목표에 '인질화'된 중국의 딜레마를 1차 핵실험의 학습효과를 통해 잘 알고 있었을 것이며, 북·중 양국이 2009년을 '북·중 우호년'으로 정함으로써 중국의 대북압박이 1차 북핵실험 때보다 크지 않을 것이라고 판단하였을 것이다. 셋째, 국제사회의 대북제재는 대량살상무기 및 기타 재래식 무기의 확산과 관련된 수출입을 주로 규제하고 북한

주민들의 일반생활에 관계되는 물자의 수송은 허용하기 때문에 폐쇄적인 북한 사회에 대한 타격은 그리 크지 않았다.

2차 북핵실험 이후 2009년 10월 4일 원자바오(溫家宝) 총리가 북한을 방문해 상당 규모의 대북원조 제공과 경제교류 활성화, 관광교류 활성화 등의 협정을 맺었다. 그러나 원자바오 총리의 6자회담 재개 제안에 대해 김정일 위원장은 6자회담 참여가 아닌 "북·미회담 결과를 보고 진행할 용의가 있다."[25]고 해 북한 비핵화를 북·미회담에 방점을 두어 중국의 북핵 "중재"를 간접적으로 거절했다. 북한은 북한의 안보 자체에는 관심을 기울이지 않고 한반도의 비핵화와 6자회담의 조속한 재개를 전제로 삼아 비핵화에만 관심을 갖고 있는 중국에 실망과 불신이 여전히 남아 있었을 것이다. 그리고 과거 중국의 대북지원 약속이 집행되지 않거나 현실과 큰 차이가 존재하고 있다는 사실을 감안하면 북한으로서는 중국의 대북협력에 대한 의지와 진정성에 대해 여전히 회의적이었을 것이다. 또한 중국의 원조와 지원은 2차 핵위기가 발생한 지난 2003년 이후 7년간의 북중관계의 관행에서 크게 벗어난 것은 아니었다.[26]

김정은 정권 등장 이후 북한의 공세적 외교는 절정에 도달했다. 북한은 중국의 가장 큰 명절인 춘절(春节) 휴가기간에 3차 핵실험을 강행했다. 그리고 핵보유를 헌법조항에 넣고 '경제·핵 병진노선'을 추진하고 있다. 그러나 이러한 북한의 전략적 이해관계는 새로운 국제질서의 규범을 만들고자 하는 시진핑 체제의 전략적 이해관계와 일정한 차이가 있다. 특히 북한의 3차 핵실험과 일련의 도발을 계기로 미국의 아시아 재균형이 탄력을 받고 있으며 미국은 동북아에 대한 군사력 전진배치를 전격적으로 실행했다. 이는 북한이 든 돌에 중국이 발등을 찍힌 격이 된 것이나 다름없다.

1 이 글은 본인의 성균관대 박사학위논문(북·중관계 재정상화 성격 연구: 제2차 북핵실험 이후를 중심으로) (2013.10.)의 일부내용을 수정 및 보완한 것이다.
2 헤징전략은 안보나 경제, 정치적인 영역에서 높은 불확실성과 위험에 대비해야 하기 때문에 간접 균형(indirect balancing), 지배 거부, 경제적 실용주의, 결속적 관여(binding engagement), 제한적 편승(limited bandwagoning) 등 다양한 정책을 포함한다. 장용석, "중국의 부상에 대한 북한의 헤징전략," 『통일문제연구』, 통권 제57호(2012년 상반기), p.48.
3 박휘락, "천안함 사태 이후 동북아시아 세력정치의 잠재성과 한국의 정책 방향," 『외교안보연구』, 제6권 제2호(2010), pp.14-15.
4 로동신문(2005.11.2.), 조선신보(2005.10.31.) 등에 실린 사설에 보면 중국의 부상이 세계의 일극화를 견제하고 세계의 평화와 안정을 도모하는 데 긍정적 역할을 하고 있는 것으로 인식하고 있음을 보여주고 있다.
5 북한은 미국의 아시아 재균형뿐만 아니라 미국의 이라크 주둔군 철수에도 민감하게 반응했다. 오바마 대통령은 2010년 8월 2일 상이군인협회에서 "2010년 8월 31일까지 이라크에서 전투 임무는 모두 종료될 것"이라고 밝혀 이라크 주둔군 철수 계획을 선포했다. 이에 안보부담을 느낀 북한은 "미국과의 신뢰구축이 급선무이며, 이를 위해 평화협정이 우선적으로 체결되어야 한다."고 주장하면서 천안함 사태 이후 고조된 한·미의 대북 강경책을 완화시키려 했다. 로동신문(2010.9.7.).
6 이종석, 『북한-중국관계 1945~2000』(서울: 중심, 2000), p.269.
7 "中方致力實現朝鮮半島无核化, 維護半島和平穩定," http://www.china.com.cn/international/txt/2013-02/06/content_27907838.htm (검색일: 2013.5.6).
8 민주조선(2009.6.12.).
9 북한 국방위원회는 성명을 발표하여 "세계의 공정한 질서를 세우는 데 앞장서야 할 큰 나라들까지 미국의 전횡과 강권에 눌려 지켜야 할 초보적인 원칙도 서슴없이 저버리고 있다는 것을 말해 주고 있다."고 중국이 북한 로켓발사에 대한 유엔제재결의안에 동의한 데 대해 비난했다. 조선중앙통신(2013.1.24.).
10 1차 핵실험 이튿날 중국 외교부는 대변인 정례 브리핑을 열어 중국이 대북 원조를 줄일 것인가의 질문에 "中國政府一貫致力于發展同朝鮮的睦鄰友好合作關係。這一政策是堅定不移的,沒有變化。"라고 대답해 중국의 대북 정책의 지속성을 시사했다. http://news.anhuinews.com/system/2006/10/11/001578652.shtml (검색일: 2013.2.13.).
11 2차 북핵실험 이튿날 중국 외교부 대변인 정례 브리핑에서 중국의 대북정책 변화에 대한 질문에 "中方已經就朝鮮核試驗問題表明了嚴正立場。中方對朝政策和立場是衆所周知的。"라는 입장을 발표하여 중국의 대북한 정책이 큰 변화가 없음을 보여주었다. http://www.china.com.cn/news/txt/2009-05/26/content_17840321.htm (검색일: 2013.2.13.).
12 2013년 6월 북중 양국의 '전략대화'에서 중국은 '전통적 우의'를 생략하고 "양국관계가 장기적으로 건강하고 안정적으로 발전"하기를 원한다고 언급했으며, 7월 북한의 정전협정 체결 60주년 행사 참석을 위한 리위엔차오 국가부주석의 방북 보도에서 중국은 '전통적 우의'를 강조하기보다는 상호 신뢰와 소통 강화를 주문하면서 '한반도 비핵화 실현'을 강조했다. "張業遂: 維護朝鮮半島和平穩定 實現半島无核化," http://news.sohu.com/201 30403/n371654093.shtml(검색일: 2013.4.8.); "金正恩會見李源潮," http://news.sohu.com/20130726/n382596173.shtml(검색일: 2013.8.2.).
13 오코노기 마사오, "'신형 대국관계'와 남북대화," http://news.donga.com/3/all/20130609/55741401/1(검색일: 2013.9.29.).

14 북한은 "세계의 공정한 질서를 세우는 데 앞장서야 할 큰 나라들까지 미국의 전횡과 강권에 눌려 지켜야 할 초보적인 원칙도 서슴없이 저버리고 있다."고 중국을 비난했다. 조선중앙통신, 2013.1.24.
15 이동률, "중국의 강대국화 외교전략과 과제," 『국방연구』, 제53권 3호(2010), p.20.
16 이동률, "중국의 대북전략과 북중관계: 2010년 이후 김정일의 중국방문 결과를 중심으로," 『세계지역연구논총』, 총 29집 3호(2011), p.309.
17 조선신보(2010.5.8.).
18 저자가 산출한 통계에 따르면 2009년 10월 이후 북한을 방문해 김정일 위원장의 회견을 받은 중국 고위급 인사로는 원자바오(溫家宝) 총리(2009.10.4.), 량광레이(梁光烈) 국방부장(2009.11.22.), 왕자루이(王家瑞) 공산당 대외연락부장(2010.2.8.), 저우융캉(周永康) 중앙정치국 상임위원(2010.10.9.), 다이빙궈(戴秉國) 국무위원(2010.12.9.), 멍젠주(孟建柱) 공안부장(2011.2.14.), 리위엔차오(李源潮) 공산당 조직부장(2011.6.14.), 장더장(張德江) 부총리(2011.7.10.), 리커창(李克强) 부총리(2011.10.23.), 리지나이(李繼耐) 인민해방군 총정치부 주임(2011.11.15.) 등이 있다.
19 최명해, "북한의 2차 핵실험과 북중관계," 국방정책연구, 제25권 제3호(2009), p.125.
20 박승준·김기훈, "北 김계관 '美'는 中에 기대 말라," 조선일보(2007.3.9.).
21 "中國專家: 半島和平 中國的作用无可替代," 『环球网』(2007.10.10.), http://www.huanqiu.com/www/191/2007-10/11406.html(검색일: 2012.5.13.).
22 과거 미국이 대중 견제를 위해 인도에 대한 제재를 해제했고, 반테러 협력을 위해 파키스탄의 핵 보유를 '용인'했던 것처럼, 북한이 미국의 전략적 이해(대중 견제)에 협조할 수 있다는 가능성을 보여주어 핵보유국의 지위를 '묵인' 받기 위한 것이라고 평가한다. 洪源, "朝鮮二次核暴引發三大 '巨變'," 『环球网』(2009.6.2.), http://opinion.huanqiu.com/roll/2009-06/476892.html(검색일: 2012.7.7.); 沈丁立, "朝鮮核武器發展觀的邏輯," 『环球网』(2009.6.4.), http://opinion.huanqiu.com/roll/2009-06/478979.html(검색일: 2012.7.7.).
23 최명해(2009), p.129.
24 북한은 2007년 1월 1일 신년사를 통해 군사강국을 이루었다고 선언했다. 2007년 북한 신년사; 그리고 북한 로동신문은 김정일 사망 이후 자국이 핵을 보유함으로써 대국들 틈에서 어깨를 펴고 살 수 있게 되었다는 기사를 실었다. 리동찬, "김정일 동지의 혁명 유산," 로동신문(2011.12.28.).
25 조선중앙통신(2009.10.10.).
26 이동률, "원자바오 총리의 북한 방문과 북중관계," 『정세와 정책』, 2009년 11월호(2009), p.13.

# 13. 정상외교는 북중관계에 어떠한 영향을 미쳐 왔나?[1]

송원즈(중국 난징대 교수)

김정은 북한 조선노동당 제1비서는 2012년 집권 이후 아직까지 중국을 방문하지 못했다. 시진핑(習近平) 중국 국가주석도 2013년 3월 취임 이후 단 한 차례도 북한을 찾아가지 않았다. 반면 박근혜 대통령과는 7차례의 회담을 가졌다. 중국 신지도부 집권 후 북한을 먼저 방문했던 과거 관례와 달리 이례적으로 북한보다 한국을 먼저 방문하였다. 전통적 동맹관계를 가진 두 나라가 이처럼 아직까지 정상회담을 갖지 못한 것은 2013년 북한 3차 핵실험 이후 북중관계 악화 여부 및 중국의 대북정책 변화 여부를 판단하는 중요한 근거가 되고 있다. 냉전기 양국 동맹관계의 상징인 북·중 정상외교(summit diplomacy)가 탈냉전 시기에도 양국관계를 판단하는 중요한 지표로 작용하는가? 반대로 양국관계의 변화는 양국 간 모든 인적 교류에 그대로 반영되고 있는가?

일반적으로 북중관계는 사회주의 이념의 공유, 당 차원의 유대관계가 국가관계에 투영된다는 점, 오래전부터 형성된 전략적인 동맹관계, 그리고 한국전쟁에서 공동의 적에 대응하여 함께 피 흘린 경험 등으로 인하여 일반국가 간의 관계와는 상이한 특수한 관계를 형성해 왔다고 인식된다. 따라서 양국 간 특수한 관계는 국가 간 일반적 관계보다 훨씬 더 긴밀한 협력체제를 전제하는 것으로 여겨진다. 이 가운데 냉전 시기부터 형성된 북·중 정상 간 상호방문을 포함한 인적 교류는 바로 북·중 특수한 관계를 나타내는 상징이 되었고, 반대로 정상외교의 부재는 북중관계의 이상 징후로 해석되는 주요한 근거가 되어 왔다.[2]

그런데 정상외교는 국가 간 인적 교류 방식 중의 한 가지일 뿐이다. 그 외에 다른 여러 방식도 존재한다. 냉전 시기의 경우 북·중 양국의 외교정책 결정은 주로 한 사람을 중심으로 진행되었기 때문에 양국 간 정상외교의 중요성이 컸던 반면, 개혁개방 이후에는 중국 대외정책 결정구조 및 양국 교류의제가 다양화되었기 때문에 양국 간 인적 교류에 정상외교뿐만 아니라 다른 차원의 인적 교류도 함께 분석할 필요가 있다. 즉 양국 간 인적 교류를 정상외교에만 집중해 분석해서는 다소 부족하다는 것이다. 따라서 이 글은 우선 북·중 정상외교의 역사적 근원과 전개과정에 대한 분석을 통하여 양국 간 정상외교의 변화과정을 밝힌다. 그리고 탈냉전기 정상외교와 이 외 다른 형식의 인적 교류 상황[3]을 분석함으로써 현재 북·중 간 인적 교류는 어떻게 진행되고 있는지, 그리고 이러한 인적 교류는 양국관계에 어떠한 영향을 미치고 있는지를 분석하고자 한다.

## 01
## 양국 간 정상외교는
## 어떻게 전개되어 왔는가?

　냉전 시기 북·중 양국은 정상 간 정기적인 상호방문을 통해 전통적 인적 교류를 진행함으로써 양국 간 특수 관계를 과시하였다. 또한 이는 중국의 입장에서 볼 때 북한을 관리하는 하나의 방식이기도 했다. 이것의 역사적 근원과 계기는 바로 1956년 발생했던 '8월 종파사건'이다.
　1955년 12월 중국 지도부와 관계가 깊었던 연안계 박일우가 반당 종파행위의 혐의로 조선노동당에서 축출되었다. 김일성의 이러한 연안계 배제 작업이 배경이 되어 1956년 '8월 종파사건'이 발생하였다. 1956년 8월 30일 조선노동당 중앙위원회 전원회의가 개최되어 윤공흠, 서휘 등이 김일성을 중심으로 한 지도부에 반기를 들었다.[4] 이로 인해 윤공흠, 서휘, 리필규는 출당당했고, 박창옥과 최창익 등은 당직을 박탈당했다. 이 상황에 대하여 중국과 소련 지도부가 진상 파악을 위해 당시 베이징에 머물던 소련공산당의 미코얀(Anastas Ivanovich Mikoyan)과 중국의 펑더화이(彭德懷)를 대표로 하는 중소공동대표단의 평양 방문을 계기로 직접 개입했지만 그 결과 1956년 '8월 종파사건' 이후 북한 당·정·군 내 '연안계'가 숙청됨으로써 중국의 대북 인적 채널이 소멸되었다. 그리고 1953년부터 시작된 중국 인민지원군 철수로 인해 북·중 간 연합군 체제도 종결되는 대신 '조·중 간 수뇌방문에 관한 협정'(1958.2.)과 '조·중 우호협조 및 호상 원조 조약'(1961.7.)이 체결되었다. 동맹조약의 제4조에 "체약 쌍방은 양국의 공동이익과 관련되는 중요한 모든 국제 문제들에 대하여 계속 협의한다."고 명문화함으로써 북·중 정상 간 상호방문을 포함한 고위급 외교는 양국 외교관계에서 연례화될 수 있었다. 이것이 양국 간 정상외교의 기원이다.

중국의 입장에서 보면 1956년 '8월 종파사건' 이후 북한 권력중심에서 '연안파'가 숙청되며 대북 인적 채널이 사라지게 되자 북한을 관리하기 위한 새로운 하나의 방식으로서 김일성과의 직접적 소통을 위한 정상회담의 정례화를 모색했던 것이다. 물론 한국전쟁에 대한 중국의 경험과 인식도 이러한 협의의 체결에 중요한 역할을 하였다. 한국전쟁 시 북한 지도부는 유엔군이 38선을 넘기 직전까지도 중국 측의 원조 제공 제의와 출병 자체를 거부해 왔다. 전쟁 개시 시간마저 통보받지 못한 중국 지도부는 북한에 대표를 파견하여 북한 지도부와의 관계를 강화하려 했으나, 북한 지도부는 북한주재 중국공관에 어떠한 군사정보도 제공하지 않았다. 이 일로 인해 중국은 김일성의 모험주의적인 속성을 깨달았다. 다시 말해 양국 최고 지도자 간 정상외교는 북한에 대한 중국의 불신을 초래한 역사적 경험에 기반하여 만들어진 것이고, 이는 양국 동맹조약의 체결과 같은 맥락에서 이해할 수 있다. 즉 '북·중 간 수뇌방문에 관한 협정'[5]과 '조·중 우호협조 및 호상 원조 조약'은 양국의 동맹관계를 과시하는 동시에 중국이 북한을 관리하는 메커니즘이었던 것이다. 그리고 중국은 한국전쟁 이후 미국의 군사적 위협에 대비하는 차원에서 북한이라는 완충지대의 중요성을 재인식하게 되었다. 1960년대 소련과의 분쟁마저 격화되면서 북한이 소련의 영향권에 편입되는 것을 방치해서는 안 된다는 판단 또한 북·중 정상외교 강화의 중요한 이유이다.

북한의 입장에서 보면 북중 간 정상회담은 중국의 최고 지도자들이 다룰 정도의 중요한 사안들에 관련하여 북한이 마오쩌둥(毛澤東)과 저우언라이(周恩來)와의 접촉을 보장받은 것이다. 그 결과 김일성 또는 김정일이 중국을 방문 시 짧은 체류기간에도 불구하고 언제든 대부분의 중국 공산당 중앙정치국 상무위원들을 만날 수 있게 되었다. 그리고 이는 북한 정권의 안정과 정당성에 도움이 될 수 있다는 판단이었다.

이렇게 시작된 북·중 정상 간 상호방문 외교의 연례화는 1950년 5월 김일성의 비공식 중국 방문으로 시작된 이후 한중수교 이전의 시기에 이르기까지 1956년 8월 종파사건 전후(1955~56년), 1960년대 중반 중국의 문화대혁명 시기(1965~69년), 그리고 마오쩌둥(毛澤東) 사망 전후와 중미수교 협상시기(1976~77년) 외에는 해마다 연례적으로 시행되었다.[6] 이는 북·중 간 특수한 관계의 상징인 동시에, 반대로 정상외교의 부재는 바로 북·중관계의 이상 징후로 해석할 수 있는 주요 근거가 되었다. 즉 냉전 시기 북·중 정상외교의 변화를 통하여 북·중 동맹관계의 주기적인 변화를 확인할 수 있는 중요한 지표였던 것이다.

**표 1**  냉전시기의 북중 정상방문 외교

| 시간 | 장소 | 주요 회담 참석자 | 회담주제 |
|---|---|---|---|
| 1950년 5월 | 베이징 | 김일성: 마오쩌둥, 저우언라이 | 한국전쟁 계획 |
| 1950년 12월 | 베이징 | 김일성: 마오쩌둥, 저우언라이 | 북중 연합사령부 설치 문제 |
| 1951년 6월 3일 | 베이징 | 김일성: 마오쩌둥 | 정전회담 운영 방침 |
| 1952년 9월 4일 | 모스크바 | 김일성: 저우언라이, 스탈린 | 전쟁포로 교환 문제, 북중 공군작전 문제 |
| 1953년 11월 | 베이징 | 김일성: 마오쩌둥, 저우언라이 | 전후 경제원조 및 북중 경제문화 협력 협정 |
| 1954년 9~10월 | 베이징 | 김일성: 마오쩌둥, 저우언라이 | 중국건국 5주년 기념 |
| 1957년 11월 | 모스코바 | 김일성: 마오쩌둥 | 중국 인민지원군 철수 관련 내부협의 도달 |

| | | | |
|---|---|---|---|
| 1958년 2월 | 평양 | 김일성: 저우언라이 | 중국 인민지원군 철수 선포 및 양국관계 |
| 1958년 11~12월 | 베이징 우한 | 김일성: 마오쩌둥, 저우언라이 | 통일문제, 타이완문제, 국제 공산주의진영 단결 문제 |
| 1959년 1월 | 모스크바 | 김일성: 마오쩌둥 | 국제 공산주의운동 문제 |
| 1959년 9월 | 베이징 | 김일성: 마오쩌둥, 저우언라이 | 중국건국 10주년 기념 |
| 1960년 5월 | 항저우 | 김일성: 마오쩌둥, 저우언라이 | 파리 4개국 회담 자산 문제, 양국과 소련 공산당의 관계 |
| 1961년 7월 | 베이징 | 김일성: 마오쩌둥, 저우언라이 | 중국건국 12주년 기념 |
| 1961년 10월 | 모스크바 | 김일성: 저우언라이 | 국제 공산주의운동(중소논쟁) |
| 1962년 10월 | 평양 | 김일성: 저우언라이 | 변경(국경)조약 체결, 무역관계 |
| 1963년 5월 | 베이징 | 김일성: 저우언라이 | 중소논쟁 문제 관련 |
| 1963년 9월 | 평양 | 김일성: 류사오치 | 반제국주의, 반수정주의 문제 |
| 1964년 2~3월 | 베이징 | 김일성; 마오쩌둥, 류사오치 | 중소논쟁 문제 관련 |
| 1964년 7월 | 평양 | 김일성: 저우언라이 | 중소논쟁 문제 관련 |
| 1964년 9월 | 하얼빈 | 김일성: 저우언라이 | 중소논쟁 문제(추측) |
| 1964년 10월 | 평양 | 김일성: 덩샤오핑 | 중소논쟁 문제 관련 |
| 1964년 11월 | 베이징 | 김일성: 마오쩌둥, 저우언라이 | 소련의 새 지도자에 대한 분석과 논의 |
| 1965년 4월 | 얄타 | 김일성: 저우언라이 | |
| 1970년 4월 | 평양 | 김일성: 저우언라이 | 국제정세, 양국관계 회복 문제 |
| 1970년 10월 | 베이징 | 김일성: 마오쩌둥, 저우언라이 | 국제정세, 양국관계, 국제 공산주의운동 문제 |

Q13 정상외교는 북중관계에 어떠한 영향을 미쳐 왔나? 191

| 1971년 7월 | 평양 | 김일성: 저우언라이 | 키신저 연합 성명(닉슨 대통령 중국방문 문제) 사전통보 |
| --- | --- | --- | --- |
| 1971년 11월 | 베이징 | 김일성: 저우언라이 | 미중관계, 남북대화(추측) |
| 1972년 3월 | 평양 | 김일성: 마오쩌둥, 저우언라이 | 닉슨대통령 방중 결과 통보, 남북대화 |
| 1972년 8월 | 베이징 | 김일성: 마오쩌둥, 저우언라이 | 국제 통일전선, UN문제 |
| 1973년 10월 | 선양 | 김일성: 저우언라이 | 국제정세, 한반도 문제 |
| 1975년 4월 | 베이징 | 김일성: 마오쩌둥, 덩샤오핑 | 인도차이나 정세, 통일문제 |
| 1978년 5월 | 평양 | 김일성: 화궈펑 | 양국관계, 문화대혁명 종결 |
| 1978년 9월 | 평양 | 김일성: 덩샤오핑 | 북한건국 30주년 |
| 1980년 5월 | 벨그레이드 | 김일성: 화궈펑 | |
| 1981년 4월 | 평양 | 김일성: 덩샤오핑 | 양국관계 조정과 마오쩌둥에 대한 평가 |
| 1981년 12월 | 평양 | 김일성: 자오즈양 | 양국관계, 중국내정에 대한 설명(추측) |
| 1982년 4월 | 평양 | 김일성: 덩샤오핑, 후야오방 | 중국 새 지도자 만남(추측) |
| 1982년 9월 | 평양 | 김일성: 덩샤오핑, 후야오방 | 양국관계와 사회주의 발전 전략 |
| 1983년 6월 | 베이징 | 김정일: 덩샤오핑, 후야오방 | 김정일의 첫 중국방문 |
| 1984년 5월 | 평양 | 김일성: 후야오방 | 양국관계와 한반도문제 |
| 1984년 11월 | 베이징 | 김일성: 덩샤오핑, 후야오방 | 양당관계와 한반도문제 |
| 1985년 5월 | 신의주 | 김일성, 김정일: 후야오방 | 양당, 양국관계 |

탈냉전 시기에 들어와 특히 한·중이 수교를 맺은 이후 북·중 간 정상회담을 포함한 고위급 인적 교류는 많이 줄어들었다. 북·중 정상 간 방문외교는 한중수교 이전인 1992년 4월 양상쿤(楊尙昆) 당시 중국 국가주석의 북한 방문을 마지막으로 상당 기간 중단되었다. 북한도 1991년 10월 김

표 2  한중수교 이후 북중 정상회담

| 일시 | 회담 인물 | 장소 | 배경과 주요 내용 |
|---|---|---|---|
| 1992.4. | 양상쿤-김일성 | 베이징 | • 한중수교 직전<br>• 중국이 북한에 한중수교 설명 |
| 1999.6. | 장쩌민-김영남 | 베이징 | • 한중수교 이후 첫 고위자회담<br>• 북중관계 회복 |
| 2000.5. | 장쩌민-김정일 | 베이징 | • 한중수교 이후 첫 정상회담<br>• 김정일 집권 6년 만에 첫 중국 방문<br>• 남북정상회담 직전 회담 |
| 2001.1. | 장쩌민-김정일 | 베이징 | • 김정일 상하이 浦東 방문<br>• 방중 후 7·1 경제개혁조치 실행(2002) |
| 2001.9. | 김정일-장쩌민 | 평양 | • 11년 만의 중국 정상의 북한 방문 |
| 2004.4. | 후진타오-김정일 | 베이징 | • 북핵위기 후 첫 정상회담(2개월 후 6자회담 복귀)<br>• 후진타오 집권 후 첫 정상회담 |
| 2005.10. | 김정일-후진타오 | 평양 | • 후진타오 주석 첫 북한 방문 |
| 2006.1. | 후진타오-김정일 | 베이징 | • 김정일 화북, 광동,베이징 방문<br>• BDA문제로 6자회담 공전 |
| 2009.10. | 김정일-원자바오 | 평양 | • 북중수교 60주년 기념차 북한 방문<br>• 제2차 북핵실험 이후 첫 고위급 회담 |
| 2010.5. | 후진타오-김정일 | 베이징 | • 천안함 사건 직후 정상회담<br>• 전략적 소통 강화 등 협력 5개안 제시<br>• 김정은 |
| 2010.8. | 후진타오-김정일 | 창춘 | • 창지투 개발 선도구 방문<br>• 한미합동 군사훈련 이후 중국 방문 |
| 2011.5. | 후진타오-김정일 | 베이징 | 김정일의 연쇄 3회 중국 방문 |

일성 주석의 중국 방문 이후 1999년 6월 김영남 최고인민회의 상임위원회장이 중국을 방문할 때까지 최고위층 인사가 단 한 차례도 방문하지 않았다. 양국 정상회담은 2000년, 2001년의 김정일 국방위원장의 중국 방문과 2001년 장쩌민 주석의 답방으로 비로소 회복되었다. 하지만 북·중 간 정상회담이 비록 재개되기는 했지만 과거와 같은 정례성을 회복하지는 못하고 있다. 정상회담은 다시 4년간의 공백기를 거친 후인 2004년 4월 김정일의 중국 방문으로 재개되었다. 그리고 2005년 10월 후진타오 주석의 평양 방문과 2006년 1월 김정일 위원장의 중국 방문으로 이어졌다. 2009년 원자바오 총리의 북한 방문 때까지 양국 간 정상회담은 2010년 5월과 그 이후에 매우 이례적으로 김정일의 중국 방문이 연이어 이루어진 것이다. 특히 한·중 간의 경우 2011년 10월 기준으로 무려 29회의 정상회담이 이루어진 것과는 분명한 대조를 이룬다.[7]

## 02

### 양국 간 정상외교는 양국관계에 실제로 어떠한 역할을 담당해 왔는가?

상술했듯, 냉전 시기 북·중 간 정상외교는 양국 간 특수 관계의 과시뿐 아니라 중국의 입장에서는 북한을 관리하는 하나의 수단으로 자리해 왔다. 그런데 개혁개방 이후 중국 대외정책의 결정구조 및 양국 간 교류 어젠다가 다양화되면서 정상외교가 다른 차원의 교류들로 많이 대체되었다. 아울러 정상외교가 특수 관계의 과시라기보다는 그것이 발휘하는 실무적 역할이 더욱 중요시되고 있다. 또한 탈냉전 이후 북·중 간 인적 교류의 교류 대상과 범위가 확대되고 있다. 정치와 군사보다는 경제와 사회 분야에서 교류가 세분화되고 있고, 과거 중앙정부 차원에서 진행되던 중국의 대북협력이 각 지방정부나 기업의 차원으로 전환되고 있기도 하다. 따라서 탈냉전 후 북중관계 및 중국의 대북정책을 판단하기 위하여 양국 간 정상외교만을 근거로 삼는 것은 다소 불충분하게 된 것이 사실이다.

그럼에도 불구하고 북·중 간 정상외교는 일정한 역할을 담당하고 있다. 탈냉전 시기 북·중 간 정상외교는 비록 과거에 비해 횟수는 줄었지만 북핵문제가 고비에 처했거나 또는 북한 내부에 불안정한 징후가 포착되었을 때, 양국 간 전략적 필요에 따라 진행되어 왔다. 2010~11년 김정일과의 3차례의 만남에서 후진타오(胡錦濤)는 양국 간 '전략적 대화' 강화의 필요성을 강조하였다. 2010년 천안함 사건 이후 중국은 적지 않은 외교적 부담을 감수하며 세 차례에 걸친 김정일의 중국 방문을 수용하면서 양국 관계의 긴밀함을 과시하였다. 하지만 정상회담의 내용을 보면 북한에 대한 중국의 메시지는 명확하다. 즉 권력승계 과도기에 북한과의 소통을 통하여 체제를 관리하고, 경제협력과 북한의 개혁개방을 유도하고, 북핵 관련 6자회담을 개최하려는 것 등이다. 즉 북·중 간 중요한 문제 발생 시 북·중 정상회담이 대를 이어 '전략적 소통'의 역할을 계속 발휘하고 있다고 평가할 수 있다. 이러한 전략적 소통은 실무적인 측면에서 바라보아야 한다.

북핵문제에 대한 중국의 대북 의사소통은 양국 고위급 외교의 실무적 측면을 잘 반영해 왔다. 2003년 이후 북·중 고위급 인사 간 교류는 북핵문제에 집중되어 왔다. 즉 중국의 대북외교의 초점은 북핵문제 해결에 놓여 있으며, 고위 실무자를 파견하여 경제적 설득과 구두 압력을 가하는 방식으로 진행되었던 것이다. 북한 핵실험 이후 중국의 탕자쉬안(唐家璇)

국무위원은 특사 자격으로 미국, 러시아와 평양을 연이어 방문하며 중재 역할을 수행하였다. 제1차 북핵실험 이후 나타난 중국의 노력은 2007년 제5차 3단계 6자회담에서 달성된 '2·13합의'라는 결과를 도출하는 데 중요한 역할을 하였다. 그리고 9월 말부터 시작된 제6차 2단계 6자회담을 통해 북핵문제를 해결하는 데 구제적인 절차를 밝힌 '10·3합의'가 채택되었다. 2차 핵위기 발생 이후 북·중 양국 간 고위급 회담, 대북 경제협력과 중국이 주도하는 6자회담 간의 관계는 다음의 표 3에서 확인할 수 있다.

　제2차 북핵위기가 발생한 이후 중국은 첸치천과 다이빙궈(戴秉國) 외교부 부부장을 북한에 파견하여, 후진타오의 친서를 북한에 전달하였다. 결과적으로 중국의 이러한 노력들로 인해 2003년 8월 27일부터 29일까지 베이징에서 열린 제1차 6자회담에 북한이 참여하게 된 것이다. 북핵위기에 대한 중국의 설득 외교와 중재적 역할이 단계적 성과를 보임에 따라, 중국은 기존의 대북정책을 강화하는 방향으로 나가기로 한 것이라 평가할 수 있다. 중국은 북한을 설득해서 6자회담이란 틀에서 북핵문제를 논의하고자 했다. 이러한 과정에서 중국은 적극적 설득과 압박, 그리고 경제적 지원 등의 수단을 통해 북한의 변화를 유도하였다. 특히 6자회담이 고비를 맞이할 때마다 중국은 북한과 미국을 설득하고 6자회담의 중요성과 일관성을 강조하였다. 예를 들어, 제2차 6자회담은 2004년 2월 25일부터 28일까지 베이징에서 개최된 제2차 6자회담에서 핵 폐기의 범위에 관한 문제에 북·미 간 팽팽한 입장 차이로 인해 합의를 이루지 못했고 회담이 결렬됐다. 중국은 회담 이후 3월 24일에 곧바로 리자오싱(李肇星) 외교부장을 북한으로 파견해 김정일과 면담을 했고, 차기 6자회담 개최와 함께 이를 위한 실무그룹 구성에 대한 북측의 동의를 확보하였다. 그리고 리자오싱 방북 이후 김정일은 2004년 4월 18일부터 21일까지 중국을 국빈방문하였다. 김정일의 2004년 중국 방문은 중국의 4세대 지도부 등장 이후 처음으로 이루어진 것이었다. 중국은 이를 적극적 활용해서 대북 설득의 중요한 기회로 삼고자 했다. 이 회담에서 중국은 북한에게 평화적 핵문제 해결에 미치는 6자회담의 중요성을 강조하였고 북한도 중국의 역할을 높이 평가했다. 따라서 김정일의 방중 이후 2004년 5월 12일~14일에 제2차 6자회담 실무회담이 베이징에서 열리게 되었고 회담에 대한 북한의 태도도 과거와 다소 달랐다. 특히 한반도 비핵화 달성 검증 절차에 대해 북한은 적극적으로 논의하는 모습이었다. 이와 같은 북한의 태도 변화가 북한에 대한 중국의 중재적 영향력과 무관하다고 평가할 수는 없다.

북핵문제 6자회담의 진행 과정은 북·미 간 갈등으로 인해 여러 번 결렬되었다. 예를 들어 부시 2기 행정부 때 콘돌리자 라이스(Condoleezza Rice) 미 국무부 장관 지명자는 북한을 "폭정의 거점(outposts of tyranny)"으로 지적하였고(2005.1.18.), 이에 북한은 6자회담에 무기한 불참을 선언(2005.2.10.)하였다. 이에 대응하여 미국의 크리스토퍼 힐(Christopher Hill) 미국 국무부 차관보는 2005년 5월 북한이 6자회담에 참여하지 않으면 원유 공급을 중단할 것이라고 북한을 압박하였다. 중국에게도 북한제재에 동참할 것을 요구하였다. 하지만 중국은 이를 거절하였고, 대신 왕자루이 대외연락부장(2005.2.19.)과 탕자쉬안 후진타오 주석 특사(2005.7.12.~14.)를 북한으로 파견하였다. 북한도 강석주 북한 외무성 제1부외상을 중국으로 파견했으며(2005.4.) 북한과의 대화채널을 통해 제재보다는 북한을 설득하는 데 주된 노력을 기울였다. 2005년 7월 26일부터 8월 7일까지 열린 제4차 1단계 6자회담에서 북한과 미국은 평화적 핵사용권 문제에 대한 대립으로 회담이 결렬되었다. 중국은 회담결렬 이후 우다웨이(武大偉) 외교부 부부장을 북한에 파견하였다. 중국은 북·미 간 중

### 표 3  북중 고위급 회담과 6자회담의 개최

| 일 자 | 북중 고위급 회담 | 6자회담 |
|---|---|---|
| 2003.7.12. | • 다이빙궈(戴秉國) 외교부 부부장 방북<br>☞ 디젤유 1만 톤 제공 | 제1차 6자회담<br>(2003.8.27.~29.) |
| 2003.8.7. | • 왕이(王毅) 외교부 부부장 방북 | |
| 2003.10.29~31. | • 우방궈(吳邦國) 전국인민대표대회 상임위원장 방북<br>☞ 중국은 5천만 달러 규모의 무상원조 | |
| 2003.11.22~24. | • 김영일 북한 외무성 부외상 방중 | 제2차 6자회담<br>(2004.2.25.) |
| 2003.12.25~26. | • 왕이(王毅) 외교부 부부장 방북 | |
| 2004.1.18. | • 왕자루이(王家瑞) 중국공산당 대외연락부장 방북 | |
| 2004.2.9. | • 김계관 북한 외부성 부외상 방중 | |
| 2004.3.24.~25. | • 리자오싱(李肇星) 외교부장 방북 | 제3차 6자회담<br>(2004.6.23.~26.) |
| 2004.4.19.~21. | ★ 김정일 위원장 방중 | |
| 2005.2.19. | • 왕자루이(王家瑞) 중국공산당 대외연락부장 방북 | |
| 2005.3.22.~27. | • 박봉주 북한 내각 총리 방중 | 제4차 6자회담<br>(2005.7.26.~8.7.) |
| 2005.4.2. | • 강석주 북한 외무성 부외상 방중 | |
| 2005.7.12.~14. | • 탕자쉬안(唐家璇) 후진타오 주석 특사 방북 | |
| 2005.8.27. | • 우다웨이(武大偉) 외교부 부부장 방북 | |
| 2005.10.18~20. | • 리빈(李濱) 외교부 조선반도사무대표 대사 방북 | 제5차 6자회담<br>(1단계)<br>(2005.11.9.~11.) |
| 2005.10. | • 우이(吳儀) 국무원 부총리가 방북<br>☞ 광산 등 중공업 분야의 개발원조 지원, 함경북도 일원에 대한 지원을 약속 | |
| 2005.10.28~30. | ★ 후진타오 주석 방북<br>☞ 대안친선유시공징 건설을 약속, 3억 위안 상당의 중유 제공 | |

| | | |
|---|---|---|
| 2006.1.10.~18. | ★ 김정일 국방 위원장 방중 | |
| 2006.7.11. | • 양형섭 최고인민회의 상임위원회 부위원장 | 제5차 6자회담 (2단계) (2006.12.18.~22.) |
| 2006.7.10.~15. | • 후이량위(回良玉) 국무원 부총리 방북 | |
| 2006.7.11.~15. | • 양형섭 최고인민회의 상임위원회 부위원장 방중 | |
| 2006.10.19. | • 탕자쉬안(唐家璇) 후진타오 주석 특사 방북 | 제5차 6자회담 (3단계) |
| 2007.7.2.~4. | • 양제츠(楊潔篪) 외교부장 방북 | 제6차 6자회담 (2단계) (2007.9.27.~30.) |

재에 나섰고, 결국 제4차 2단계 6자회담(2005.9.13.~19.) 개최 및 제4차 회담을 통해 9·19 공동성명이라는 결과를 도출하는 데 기여했다.

---

1 이 글은 본인의 연세대 정치학박사 학위논문(북핵위기에 대한 중국의 관여유형 연구) (2015.2.)의 내용을 일부 포함함.
2 이동률, "중국의 대북전략과 북중관계: 2010년 이후 김정일의 중국방문 결과를 중심으로," 『세계지역연구논총』, 29집 3호, 2010, pp.299~300; Jae Ho Chung and Myung-hae Choi, Uncertain allies or uncomfortable neighbors? Making sense of China-North Korea Relations, 1949~2010, The Pacific Review, Vol.26, No.3, pp.246-249.
3 여기에 양국의 인적 교류는 크게 2가지로 나누어 보기로 한다. 교류의 급과 대상의 범위에 따라 최고지도자와 총리급, 장관급 인사를 포괄하는 고위급 방문과 차관급 및 그 이하, 그리고 지방정부 차원의 실무급 방문으로 나뉜다.
4 박종철, "북한의 종파사건과 중국," 『민주주의와 인권』(제9권 3호), 2009, pp.207-241.
5 『周恩来年谱』, 中共中央文獻出版社, 1997, Vol.2, p.127.
6 1970년대 초 중국이 소련의 위협에 대응하기 위해 미국과의 관계개선을 모색하게 되면서, 중국은 북한이 미국과의 관계개선을 방해하는 모험주의적 행동을 하거나 또는 소련과의 연대를 모색할 수 있다는 우려를 갖게 되었다. 이로 인해, 중국은 북한의 전략적 가치를 재인식하게 되었고, 1970년 저우언라이(周恩來) 총리가 5년 만에 북한을 방문하여, 우호관계를 강조하고 대북원조를 재개하면서 문혁시기에 악화된 북한과의 관계를 회복하고자 하였다. 북한도 이러한 중국의 태도를 받아들여 양국의 정상외교가 회복되었다.
7 이동률(2010).

## 북중관계 다이제스트
- 한중 소장 학자들에게 묻다 -

초판 1쇄 인쇄 | 2015년 9월 1일
초판 1쇄 발행 | 2015년 9월 5일

지은이 | 성균중국연구소 편
책임편집 | 이희옥 · 서정경
발행인 | 강희일 · 박은자
발행처 | 다산출판사
디자인 | 민하디지털아트 (02)3274-1333

주소 | 서울시 마포구 대흥로 6길 8 다산빌딩 402호
전화 | (02)717-3661
팩스 | (02)716-9945
이메일 | dasanpub@hanmail.net
홈페이지 | www.dasanbooks.co.kr
등록일 | 1979년 6월 5일
등록번호 | 제3-86호(윤)

이 책의 판권은 다산출판사에 있습니다.
잘못된 책은 구입하신 서점에서 바꾸어 드립니다.
저자와의 협의하에 인지첨부는 생략합니다.

ISBN 978-89-7110-493-4  03340
정가  12,000원